メンタルトレーナー
久瑠あさ美

自分繁盛《じぶんはんじょう》

最高の人生を創る
お金とマインドの法則

「好きな人に囲まれている」
「あちこちから声がかかる」
「欲しかった仕事が舞い込んでくる」

いつだって、気がつけば
絶好のタイミングとチャンスの波に乗っている。
あなたの望むものが、好きな時に、
欲しいタイミングで思いのままにやってくる。
それが、自分繁盛の人生です。

自分繁盛は誰もが実現できます。
潜在的に秘めた人間の底力は、はかり知れないのです。

「あなたの価値はそんなもんじゃない」

これまでのあなたがどうであろうと、
この先の未来の人生は
いつからだって変えることができます。

自分繁盛の人生は感動の連続です。

あなたも「自分繁盛」のマインドを、
創り上げていきませんか？

はじめに

自分の1時間の価値がいくらか、考えたことはありますか。

あなたが、会社で1時間座っていることで、いったいどのくらいの価値を生み出しているのか、想像したことはありますか。

その価値が、あなたの今の時給を決めているのです。


もう一つ質問です。

あなたは、その給料に満足していますか。

不満を持っている人は多くいたとしても、「なぜ、今の給料なのか?」と、自分の価値と給料との関係についてじっくり考えたり、疑問を持ったことがあるという人は、少ないのではないでしょうか。

「1年後は自分の価値をもっと上げたい」

多くの人はそう思っています。

けれど、

「自分の価値を上げるために、何かしていますか」

の問いに対しては、

「特に何も…」

「やれる範囲では、努力しているつもり」

そう答える人が多いのです。

今の時給はもちろん、あなたに決められるものではない。

けれど、未来の自分の時給は、あなたが決めることができるのです。


私はメンタルトレーナーとして、これまでのベ1万8千人のマインドを見つめてきました。アスリートやアーティストから、企業の経営者、ビジネスパーソン、学生から主婦の方まで、職業や性別、年齢は多岐にわたります。

それぞれが、「仕事で成功したい」「もっと能力を伸ばしたい」と、様々な分野においての〝何か〟を繁盛させるためにトレーニングに訪れます。

そこで私がすることはたった一つ。

自分繁盛のマインドを創り上げることです。


自分自身が繁盛すれば、自然と人も仕事も愛もお金も集まってきます。

契約をもらう前から「君のような人間を待っていた」と、取引先から絶賛される。

まだ付き合ってもいないのに「君以外に考えられない」という特別な存在にな

ってしまう。

一流を目指す前から、すでに一流。

モテようとしなくても、モテている。

お金持ちになろうと思わなくても、お金持ちになっている。

まだ起きていないこの先の「未来に生み出すであろう成果」を、何かする前から「ぜひとも、あなたにお願いしたい」と言わせてしまう。

自分という存在によって、

「何かをする前に価値が生まれる」

という〝奇跡《ミラクル》〟を起こし続けてしまう。

それが、本書が目指す「自分繁盛」という人生です。


実際に、この本の担当編集者も、私と出逢ってわずか1ヵ月で、自分繁盛のマインドを創り上げ、入社以来変わらなかった時給をアップさせました。

一緒に仕事をするようになって、

「給料はもらうものではなく、自分自身の価値が生み出すものだ」

という意識に変わり始めたからです。

私が彼女に最初にした問いは、

「あなたの価値はいくらだと思いますか」

そして、

「その価値をいくらにしたいと思っていますか」です。


1時間の価値を決めるのは、お金ではなく〝あなた〟という存在の価値です。

〝お金〟のために、あなたの〝人生〟があるのではなく、
あなたの〝人生〟を繁盛させるために、〝お金〟は存在しているのです。

目次

第1章 自分繁盛で人生は上手くいく

お金があるから幸せになれるわけじゃない…012
今、見えてないモノに価値をおくと自分繁盛する…015
時給を上げる方法はたった一つしかない…020
「一生懸命」をやめれば、上手くいく…028
どんな不況でも、時給が上がり続ける人は必ずいる…034
時給について何も考えないこと、それ自体が社会に損失を与えている…038
選ばれる側から、選ぶ側になる逆転現象…044
〝想定外のビジョン〟があれば、人生は劇的に変えられる…049

第2章 お金とマインドの法則

目に見えないものに投資することが、自分繁盛の第一歩になる…064
1本2千円のバラは高くない…066
マインド・ビューポイントを引き上げて、多くの情報をキャッチする…069

"自分繁盛マインド"を創るメンタルトレーニング

…076
これまでの自分と、これからの自分が同じである必要はない…086

第3章 貧乏マインドを形成するメンタルブロック

お金は、価値を交換するツールでしかない…092
モノを買うとき、見えない価値を手にしている…096
中止になったコンサートのチケットにも価値がある…101
落ち着いて考えるから、自分繁盛が遠ざかる…105
自分自身に満足していない日本人…109

潜在意識がお金を拒んでいる……113
「お金がない」が普通になっていませんか……117
自分繁盛を遠ざける5つのメンタルブロック……122
「なぜ」を探ると、見えないメンタルブロックが見えてくる……130

第4章

お金に逃げられる人は愛にも逃げられる

手に入れたいモノは、すべて手に入れればいい……138
世間の価値基準に合わせようとするから、人生が貧しくなる……142
いつか欲しい素敵なモノは、今すぐ手に入れると決めればいい……146
「モテたい」と願う人は、この先もずっとモテない……154
束縛する人間は、お金にも逃げられる……160

他人軸の愛だと捨てられる…164
無意識に他人を幸せにできる、自分繁盛マインド…170

第5章 自分繁盛の人生を諦める必要はどこにもない

無くても在るを選択すれば、チャンスは掴める…174
自分繁盛の人生は逆境で笑う…180
カッコよく働くことが、桁違いのお金を生み出す…185
1億円を手にする人生を、今諦める必要はどこにもない…193
「無い」ものを「在る」と、信じる勇気が未来を創る…198
自分繁盛の人生を、諦める必要はどこにもない…207

第1章

自分繁盛で人生は上手くいく

お金があるから幸せになれるわけじゃない

高校卒業後の進路に迷っている学生を想像してみてください。

今、貧乏だから、お金を稼ぐために、働きに出る。
今、貧乏だろうと、自分を高めるために、学びに行く。

前者は、「これまでの自分」を基準に選択する。
「お金がない人生」をベースにする後ろ向きな〝貧乏マインド〟の持ち主です。
後者は、「この先の自分」を基準に選択する。

「お金がある人生」を創り出そうとする前向きな〝自分繁盛マインド〟の持ち主です。

「今ないから、未来もない」を選択する人間と、「今ないけど、未来はある」を選択する人間。どちらが正しいか間違っているかではありません。

未来の自分を高めるために、今できるベストを選択するのか。

今の生活のために、今できる範囲内で選択するのか。

どちらを選択するかで、未来は大きく変わります。

「お金があるから、幸せ」

「お金がないから、不幸せ」

とかく人は、そう思いがちです。

「お金」と「あなた」という関係性において、「お金」という価値を生み出すために「あなた」が存在しているのではなく、「あなた」という価値を生み出すために「お金」というものが存在しているのです。

意識を向けるべきは、今、目の前に「在るモノ」ではなく、「無いモノ」を、いかに生み出していけるのかなのです。

それがあなたの価値となります。

「在るモノ」はやがて見失います。

「無いモノ」を見い出していくマインドを持つことで、未来の可能性は無限に拡げていくことができます。

そんな人生を生きてみませんか。

今、見えてないモノに価値をおくと自分繁盛する

今、見えてないモノに価値をおくと自分繁盛する。

これは、習い事に置き換えてみると分かりやすいと思います。


ピアノを習いに行く人は、ピアノが弾けないから習いに行きます。

下手だから習いに行くのです。上手い先生についたからといって、突然上手くなれるわけではありません。

けれど、なかなか上達しないと、

「自分は向いてないいんじゃないか」

「自分には才能がないいんじゃないか」

「先生の教え方が悪いいんじゃないか」

と思ってしまいがち。

これは、「お金を払って損をした」と受け止めてしまう〝貧乏マインド〟です。


一方、〝自分繁盛マインド〟の人は、ピアノが下手な自分を楽しめる人です。

「下手くそ」な自分にも、価値を見出すことができるのです。


今の楽しみではなく、未来の楽しみに時間とお金をかけるのです。それゆえ、下手でも払う。ピアノが弾けない現状に授業料を払うのです。自分繁盛マインドの持ち主というのは、一目惚れした相手にその気がなく、片想いで自分を好きになってくれるかどうか分からなくても、愛する。

会社でも、昇給できるかどうか分からないけれど、会社にとっていい企画書を出し続ける。

ここに、「自分繁盛の法則」があるのです。

自分繁盛マインドの人は「未来どうなりたいか」にお金を使います。

ピアノを習うときは、「未来に上手くなりたい」からお金を払うのです。

片思いのときは、「その相手と未来に両想いになりたい」から愛を注ぎます。

仕事では、「会社に貢献したい」「自分がベストを尽くしたい」から企画書を出すのです。

目に見えないけれど、この先起こるだろうという未来に対して払うお金は、自己投資となり、人生の投資です。

こういう人は、結果的に生涯年収が上がっていくのです。

では、自分繁盛できない貧乏マインドが、なぜできあがるのか。

それは、ピアノが上手くなりたいと思って習いに行っているのに、上達できない下手くそな自分に対して、「その授業料がもったいない」と思ってしまうからです。

貧乏マインドに共通するのは、この「もったいない」という気持ちです。これが貧乏マインドを創り上げてしまうのです。

現状、できていないこと、まだ手に入っていないこと、今の目の前に見えているモノ。それに対して本人が、お金も、愛も、才能も、出し惜しみすること。

そうした「もったいない」の根底にあるのは、「与えることで、失っていくモノ」への無自覚な恐怖心です。

その恐怖心が、未来に「ピアノが上手く弾けること」や、「両想いになること」や、「会社で昇給できること」を今から、放棄していることにほかならないのです。

「下手くそだから、やめる」では、ピアノは上達しようがない。
「愛してくれないから、愛さない」では、永遠に片想いの状態から抜け出せない。
「会社が認めてくれないから、いい仕事をしない」では、昇給しようがない。

何事も「～でなければ、～しない」では、そこに未来のチャンスは生まれようがないのです。

無自覚に愛や、お金、才能を「もったいない」と出し惜しみすることで、あなたも未来の自分繁盛を遠ざけたりはしていませんか。

時給を上げる方法はたった一つしかない

あなたの今の「時給」はいくらですか。
いつからその「時給」で働いていますか。
あなたはその「時給」を上げたいと感じていますか。
そのために何をしていますか。

通常、「時給」というのは、1時間のあなたの働きに対する対価であり、あなたの今の働きと会社への貢献度によって決まります。
その働きの価値を上げない限り、時給は上がりようもないのです。

たとえば、あなたが転職した会社で「時給1050円」と言われたとします。

あなたはどんな働き方をしますか。

最初に会社側に決められる時給というのは、あなた自身でコントロールすることはできません。

あなたがどれくらいできるのかを会社側は知らないのですから、「初心者ならこれくらいだろう」という一般的な額を提示してきます。

けれど、半年先、1年先の時給ならば、自分次第でアップさせることができます。

時給以上の価値を生み出していけば、昇給のチャンスはやってきます。

けれど、時給に見合った程度の働き方をしていたのでは、永遠に時給が上がることはありません。決められた範囲内の成果は、やって当たり前とみなされてしまうからです。

ましてや、

「どうやったら手を抜けるだろうか」

「与えられた以上の仕事をするのは損だ」

などとこっそり考えているようであれば、その時点で会社にとって不要な人、お荷物で厄介な人になってしまいます。


「時給を上げてくれるのなら、頑張ってもいいですよ」という人も同じことです。条件付きの、余力ありきの働き方の人間より、いつだって本気で取り組む人間を会社は大切に扱います。あなたが仕事を二の次にすれば、会社もまたあなたを二の次として扱うことになるのです。


あなたはこれまで時給で働くという感覚を、どのくらい持っていたでしょうか。どのくらい自分の時給に関心を持ってきましたか。

もし、明日、契約更新のチャンスがあるとしたら、いくらの昇給を期待するでしょうか。

「会社にとって自分は、いかほどの価値を創り出している」

と自ら主張できるでしょうか。

「こんな低迷期に昇給なんて、無理に決まっている」

多くの人はそう考えがちです。

けれど、経営者は売り上げが下がったときほど、本当に必要とする人材には、今まで以上に高い給料を、もしくは自分の給料を削ってでも、その人間の給料を上げようとさえします。下がった売り上げを引き上げる人材に、期待するからです。それが、組織の在り方なのです。

昇給というのは会社への貢献度に対する〝未来の期待値〟なのです。

営業マンなら、「契約が取れない」という結果よりも、「契約を取りに行くつもりでいる」潜在的な力に注目します。

売り上げのために、「何ができるか」を探し続ける人が、会社の未来に価値を生み出していくのです。


時給を上げたければ、いつかやってくれる人、期待される人になることです。

それこそが、時給を上げる最短で最速の方法なのです。

自分がありあまるほどの潜在的な力を、仕事現場で魅せることです。

キラキラと輝いて仕事をしている、自分繁盛の人間に人は期待します。

自分繁盛すれば、誰もがダイヤモンドの原石と同じく、内側から光を放ち始めます。どんな闇の中にいても、光をキャッチして輝くのがダイヤモンドです。

磨けば磨くほど輝き出す。目が離せない注目の存在となります。


狙うのは「感動」というインパクトです。

「何か持ってるな、この人」

これが目に見えない「風格オーラ」です。

それこそが潜在能力で働くということ。

たとえば、洋品店の販売員だとすると、「お客様が何を求めて来店しているのか」という潜在的な情報をキャッチできるようになります。

単なる商品というモノを買いに来たのではなく、その人がなぜそのモノを必要としていて、それをどう未来に活かしていくのかが、感じられるようになる。

そうすると、潜在的にお客様が必要としているモノを見い出せるようになります。

それゆえ、商品を自分が売りつけるのではなく、お客様の「在りたい」未来に向かって、お客様の求めている商品を、的確に提案することができるようになるのです。

お客様は、欲しいものが手に入り、それを使って明日からハッピーになる。
お客様の未来にとって必要なとっておきの何かであれば、たった一つのモノで、その人のビジネスが成功するかもしれない。

そうしたことを思い描いて接することは、お客様主体のサービスの原点でもあります。

お客様がこの先、自分繁盛する状態に持っていってあげることができれば、結果的にモノが売れて、お店だって繁盛するのです。

自分繁盛の法則は一見、利己的なようでありながら、実は利他的でなければ実現しないのです。

自分繁盛している人は、内側から溢れ出す力で、自分だけでなく、人をも豊かにすることができます。それゆえ、内からも外からも絶え間ないキラキラしたエネルギーに包まれます。

いつも魅力に溢れ、人を引き寄せ、注目を集めます。

自然に信頼を寄せられるので、何かする前から、活躍を期待されます。

その対価としてのお金は、後から後からついてくる。

自分繁盛できると未来永劫、幸せのスパイラルの状態が続くのです。

「一生懸命」をやめれば、上手くいく

「7年間同じ会社で働いているのに、全く時給が変わらないんです」
とクライアントMさんは、メンタルルームを訪れました。

「仕事に対して、やる気はあるんです。決してさぼっているわけじゃないし、自分なりに一生懸命、頑張ってきたつもりなんですが、評価には繋がらないみたいで。任せられてる業務はこなしてきたし、何をどうしたらいいのか。このまま続けて同じ会社にいることがよいことなのかも、分からなくなっています」

Mさんは、ただ一生懸命にやってきた、そう言いました。

一生懸命な人は、目の前にある壁を乗り越えようとはします。
けれど、そのうち乗り越えようとしている自分に、満足するようになるのです。

そしていつしか、目的が、「壁を乗り越えること」ではなく、
「自分の頑張りと苦労を、他人に認められること」へとすり替わってしまう。

「一生懸命」と「本気」は違います。

「一生懸命」頑張る人は、自分に言い訳をします。
「頑張ってる自分を分かってほしい」
「こんな高い壁だから、登れなくても仕方ない」

誰かに頑張っていることをアピールしてしまうのは、他者に認められるかどうかで、自分の価値が決まると思っているからです。

本気で仕事をする人は、壁を乗り越えるかどうかという視点ではなく、壁の向こう側にあるものを、自分の手で掴もうとしています。

そこに価値があると信じているからです。

Mさんはメンタルトレーニングを行う中で、「この先、自分が何をしたいのか」を見い出していきました。新たな場所でチャレンジしてみようと、転職を決意しました。「未来のビジョン」を強烈に思い描くことで、「このまま今の会社で働くのではなく、別の会社でチャレンジしてみよう」と思うようになったのです。

そして、Mさんは辞表と共に、「今、自分が感じていること」「この先、自分が成し遂げていきたいこと」、すべてを上司に伝えたのです。

すると数日後、話したこともない役員から、呼び出されたのです。

「君にやってほしいポジションがある。その新しいプロジェクトに、ぜひとも参加してくれないか」

その言い渡されたポジションとは、入社当時からMさんが望んでいた海外新規事業のプロジェクトマネージャーでした。

そして今よりもはるかに高い給料を提示されたのです。

彼は思わず「なぜ私なのですか…?」と声にしました。

するとその役員から、「あなたが変わったからですよ」と笑顔で告げられたのです。


Mさんを変えたのは、マインドの在り方だけです。

認められたくて必死だったこれまでの一生懸命の自分に気づき、新たな気持ちでマインドをリセットしました。何もかも手放した瞬間に、「自分繁盛の法則」

を掴み取ったのです。

何をしても「期待されない人」から、何かする前から「期待される人」へと変化したのです。


人は、現在、逆境を味わっていたとしても、「未来のビジョン」をイマジネーションしていくことで、壁の向こう側にあるものを見てみたいという強烈な想い〔want〕が内側から湧き起こってくるのです。

未来を強烈に思い描くことで、意識は未来に向かって加速していきます。すると、まだ現実には起きていない未来のことが見えてくるため、現実の生活の中にいても、その未来のビジョンを思い描きながら〔want〕で働くようになる。

それにより、潜在意識が自己発電を始め、これまでできなかった行動が、楽々できるようになっていきます。


すると、「乗り越えられないかもしれない」と思っていた壁が、「乗り越えたくて仕方ない」壁に変化する。

そうやって本気で壁を越えたときに、周囲にいる別の誰かがそのエネルギーを必ずキャッチします。

本人にそのつもりがなくても、無自覚に人を動かしてしまうのです。

現在、大抜擢されたMさんは、海外営業のプロジェクトマネージャーとして活躍しています。

本当にやりたい仕事に就いて、収入も格段に上がっています。

これが自分繁盛の人間が、体得する人生です。

どんな不況でも、時給が上がり続ける人は必ずいる

「頑張っても、この不況下で時給なんてそう簡単に上がるはずがない」

そう思っている人は少なくないのではないでしょうか。


多くの人は、給料が上がっていない現状に悩みます。けれど、実のところ問題なのは、そう思っているマインドの方なのです。世の中にはどんなに不況だろうが給料が上がり続ける人はいます。

「そういう人は特別な人間なんだ」

そう思う人もまた多くいます。何もしない前からそう言い切る。

ではなぜ、その「特別な人間」に多くの人はなろうとしないのでしょうか。

幸せになりたい、お金持ちになりたいと言いながら、どこかでいつも「人並み」であろうとすることで、そこから飛び出すことを放棄しているのです。

それは、「人並み」であることで、安心と安全を確保しているのです。自分ではない他の誰かが決めた、「普通」という価値基準の中で生きることに満足してしまっているのです。

特別な存在になりたいと願いながら、非凡であることを拒んでいるのです。

日本人は、「特別な人間」になることに、どこか罪悪感を持っている人が多くいます。

「自分だけが時給が上がってしまったら、妬まれるのではないか」
「変化することで、大変なことが起きるのではないか」

という無意識の罪悪感が、特別な人になることを阻止してしまうのです。

それゆえ、時給1000円の仕事を与えられると、言われた通り、1000円以内の働きしかしないのです。

時給1000円で、1000円以内の仕事しかしなければ、その人の時給は、来月も、再来月も、その先もずっと1000円のままです。

けれど、時給が1000円であろうと、2千円分、3千円分の仕事をしていけば、時給を上げていくことは可能なのです。

実際、最低賃金からスタートしたとしても、5年も10年もその最低賃金のままで働く方が、難しいことだと思いませんか。

誰もが、仕事に慣れてくれば、自ずと効率がアップし、時給1000円以上の価値を生み出すようになってしまうからです。

雇用する側や上司は、必ずそれをキャッチします。

優秀な人材の時給を上げるという、当たり前のことができていない会社は多くあります。けれど、時給を上げたいと願いながら、「時給以下の働きをする」という人も実はとても多いのです。

価値を生み出す働き方をして、特別な人になることは、誰にだってできるのです。

不況だから、給料が上がらなくても仕方ないと、諦める人生。
そんな時代だからこそ、やったことのないことに挑戦し、自分繁盛する人生。

あなたはどちらも選ぶことができるのです。

時給について何も考えないこと、それ自体が社会に損失を与えている

ある中小企業の経営者Sさんは、経営が行き詰まり、あらゆることをやっても業績が上がらないと、メンタルルームを訪れました。

Sさん「このままだと廃業することになってしまうかもしれない。不本意ではあるけれど、社員の給料を大幅にカットせざるを得なくなって、先月そのことを皆に通達したんです。反応は様々でした」

久瑠「受け入れる人と、受け入れない人、ですね」

Sさん「はい。会社の事情であれば、いたしかたない。と言ってくれる社員と、

何で下げられなくてはいけないのかって怒ってくる社員がいて、収まらない状態が続いています」

久瑠「その彼はなぜ怒っていると思いますか」

Sさん「それは当然、給料が下がるからでは」

久瑠「もちろん、それだけの理由で感情をぶつけてくる社員もいるかもしれない。けれど、来月、1年先、上向きの数字にしていこうという意識の高さがある人だとしたら、今、ここで諦めたりしない、現状の低迷期に合わせた仕事をしたいと思っていない。彼自身、そう感じているのかもしれない。事業を縮小させる現状の中で、自分の働きの価値を下げられることに異論を唱えている。そう捉えられたりはしませんか」

Sさん「確かにそうかもしれない。僕の目を見て、その彼は、『社長は、それで終わるつもりですか。僕はこの仕事で一生やっていこうと思っていますよ。絶対巻き返せるって信じてますから』。そう言ってました」

久瑠「その彼は未来を見てくれているんです。『社長であるSさんの、そして会社の潜在的な価値を信じている』。そう言ってくれているのではないでしょうか」

Sさん「はい…今になって気づきました。僕が逃げていたんですね。だから何も言わずに受け入れてくれる社員には、ありがたいとまで思っていました。何をしていいたんだろう。僕の方が皆に勇気を与えなくてはいけない立場なのに。従順な、僕にとって都合のいい社員の中で、彼を厄介者のように、どこかで感じてしまっていました」

「給料は今のままで大丈夫です」

「私は時給なんて上がらなくてもいいです」

「給料は会社が決めるものだから」

という社員は一見、「良い社員」に映るかもしれません。もちろん現状においては、会社のことを考えてくれている良い社員です。

けれど、会社の未来にとってはどうでしょうか。

自分の時給に対して何も言わないでいる。

ただやれることだけやっていけば良いと思っている。

それは素直な社員のようでいて、会社が安定していない状況においては、実は会社にとって危険な存在になりかねないのです。

何の悪気がなくても、無自覚な無意識が会社の足を引っ張り、大きな損失を与えてしまう。


時給を上げようとしないということは、未来に自分の価値を上げようとチャレンジすることを放棄していることに相違ないのです。「やれないことは、仕方ない」「仕方ないことは、やらない」と、受け流す。自分の給料はまあこんなものだろうと成長を諦めてしまえば、価値を生み出すことなどできるはずがありません。

そんな社員ばかりでは、会社の業績がアップすることなどあり得ないのです。


一方、「何で給料が上がらないんですか?」と申し出てくる社員の方には可能性があります。

「それなら、時給を上げるためにはどうする？」という相互ビジョンに繋げることができるからです。

業績が悪いときだからこそ、こうした自分繁盛を求めている社員が必要なのです。

そしてEさんは、思い切って配置転換をし、給料を上げてほしいという社員と一緒に会社を再建する決意を固めました。

数ヵ月で、会社の空気はガラリと変わり始めました。

そして、思い描いたビジョンを元に、着々と経営を軌道に乗せていったのです。

「自分の時給をもっと上げたい」

「自分は会社の利益を生み出す価値ある仕事をしている」

といった、自分繁盛のマインドを持つことは、実は会社や社会に大いに貢献するものとなるのです。

選ばれる側から、選ぶ側になる逆転現象

私がモデルとして活動していた10代の頃、いくつものオーディションを受けていました。

私は当初、モデルは「選ばれる側」の仕事だと思っていました。

オーディションで選んでもらって、初めて仕事がもらえるかのように捉えていたからです。

けれど、数々のオーディションを受けるうちに、自然と「選ぶ側」の観点で物事を見るようになっていました。

「選ぶ側」が求めているビジョンを共有することで、「選ばれる側」の自分は、

相手にとって必要不可欠な人間になるのだということに気づいたのです。

この経験もまた、自分繁盛の法則を掴み取る一つのきっかけをくれました。

選ばれる側でありながら、選ぶ側の視点を持つことで、選ぶ側と選ばれる側に逆転現象を起こすことができるのです。

ビジョンを共有すれば、選ぶ側も選ばれる側もないのです。

自分が置かれた状況をどう捉えるかは、自分で選択できるからです。

これは、会社においても同じことがいえます。

自ら、会社にとって必要不可欠な人間になるためには、選ぶ側、すなわち上司や経営者の視点を持って、ビジョンを共有すればいいのです。

少しイメージしてみてください。

あなたがある会社に勤めているとします。その会社の経営者は、どんなビジョンを思い描いているか想像してみてください。

会社の商品やサービスによって、世の中にどんな価値を提供したいと考えているのでしょうか。そのために何が必要だと感じているのでしょう。

このように、イマジネーションを働かせていくことで、単なる雇主、従業員という立場を超えた、大きなビジョンを共有する「同士」となれるのです。

目の前の業務に必死になって手を動かすのではなく、目に見えないモノへ意識を配ることができるようになります。すると、他の人と同じ仕事をしていても、「おっ」と思わせるような力を発揮することができるのです。

視点を引き上げ、ビジョンを共有できれば、会社で何気なく使っているコピー用紙1枚、ボールペン1本、それらを使って自分は一体いくらの価値を生み出せるのだろうかとイメージできるようになる。

ミスをしても、何かミスから学ぶものはないか。業務の改善のために活かせることはないかと自然に行動するようになれるのです。

どんなに大きなチャレンジであっても、経営者と高いビジョンさえ共有ができていれば、ひるむことなくチャレンジすることだってできます。

会社にとって〝必要な人〟になることは、そう難しいことでもないのです。

別の誰かとビジョンを共有しようと思うと、自然に心の視点が上がっていき、ますます自分繁盛できるようになるのです。

選ばれる側にありながら選ぶ側の視点を持つことで　選ばれる側が選ばれる側のままで終わるのではなく、選ぶ側の〔want〕を、選ばれる前から創り出していくということ。

自分繁盛の法則は、そんな逆転現象を引き起こします。

私が自らの経験を通して掴み取ったこの法則は、もうすでに私だけのものではなく、メンタルトレーニングにいらっしゃる多くの方にとっての法則となっています。

プロのスポーツ選手や、アーティストから、ビジネスパーソンまで、私は様々なフィールドで活躍する人たちと、トレーニングを通して、この自分繁盛の法則が、どれほど人を輝かせるかという瞬間を、幾度となく目の当たりにしてきました。

だからこそ、この本では自分繁盛できる人間のマインド、つまり人間の潜在的な力を引き出すための法則を、余すことなくあなたにも伝えたいのです。

〝想定外のビジョン〟があれば、人生は劇的に変えられる

あなたが本気で時給を、そして人生を変えたいと思うなら、今の自分からは考えつきもしない、あなたにとっての〝想定外のビジョン〟を設定することです。

どうしても人は「自分のできる範囲」「今までやってきた範囲」の〝想定内のビジョン〟を設定してしまいます。

そして、限界がやってくると「やっぱり無理だ」と、さらに目標を現実的なものにしてしまうのです。

それでは、1年先もあなたの人生は現在と何ら変わることはないでしょう。

〝想定外のビジョン〟は潜在意識を動かし、「無理かもしれない」という限界の壁をぶち破る力となります。

過去に同じ方法で何度も成功したからといって、次も成功するという保証はどこにもないのです。

どれほどの成功者にとってもそれは同じこと。

未来のことは誰にも分からないからです。

むしろ、人に「無理だろう」と言われるくらいの非現実的なビジョンがなければ、これまでの現実を塗り替えることなどできないのです。

「はじめに」でお伝えした、編集者Eさんも同じです。

彼女は、この本についての打ち合わせをする中で、「ミリオンセラーを出したい」というビジョンを持つようになりました。

ミリオンセラーを出すというビジョンは、それまでの彼女にとっては、非現実的な想定外のものでした。

今の会社に転職して、3年。

四苦八苦しながら本づくりに関わってきたところで、彼女が手がけた作品において、これといったヒット作は1冊もない。

ミリオンセラーなど、どうやったらそれを達成できるか、想像もつかない。

Eさん「いい本をつくりたいという気持ちはずっと持っているんです。でも、自分の想定できる範囲で目標を考えると、どうしても意識が下がってしまうんです。だからミリオンセラーなど夢のまた夢…。どうやったらそれを達成できるか、と考えると、何だか自分にはそもそもそんな力がないのかなって思うこともあるんです」

久瑠「でも、今回の企画で私とこうしているEさんは、とっても活き活きしている。ヒットが生まれるのを待つんじゃなくて〝一緒に何ができるか〟をこれから創り上げていきましょう」

Eさん「はい。すごく前のめりになっている自分がいます。今までは最初からどこかで諦めていたのかもしれない…」

久瑠「今まではそうだった。でもあなたは諦めていないから編集者として今日ここに来ている。『いつかきっと』って頑張ってきた、そんな人が結果を出さなくちゃね」

Eさん「ありがとうございます」

そして、

久瑠「Eさんにとって、100万部のイメージってどんなもの？」

Eさん「100万部…大きすぎてイメージがなかなか湧きませんね」

久瑠「書店に並ぶ瞬間のビジョンはどんなイメージを描いてる？」

私はEさんに問いかけました。

久瑠「イメージがないものは現実になりようがないんです。逆を言えばイメージできているものは必ず実現できるんです。あっメンタルトレーニングが始まっちゃったわね」

初めて彼女が笑顔を見せました。

そうして初回の打ち合わせで、本に対するビジョンをEさんと共有していきました。

「いい本をつくりたい」

と、コチコチの顔をした彼女に変化が起こり始めました。

その日、Eさんはメンタルルームを出て会社に戻る間に、心の底から「多くの人に本を届けたい」という気持ちが強烈に湧いてきたと言います。

その日から、彼女の行動は変わり始めたのです。

それまでなら、企画会議でも、

「この企画は、今までに出したことがないタイプだから、売れるかどうか分からない」

と、自分で自分にブレーキをかけてしまい、なかなか発言をすることができずにいました。けれど、彼女は会議の場でも積極的に発言するようになったのです。

「私はこれまで自分がつくりたい本は全く当たらない。自分には編集者として才能がないんじゃないかと思ったこともあります。

でもこれからは人の心に届く本、何より自分自身が感動できる本を世の中に出していきたい。そう思っています」

思いがけず出たその発言により、周囲の彼女を見る目も変わっていきます。

今まで経験したことのない注目と、期待が寄せられたのです。

「これまでやったことないことをするのはワクワクする」

「他の何かに似た本ではなく、世の中にインパクトを与えられるようなものをつくってみたい」

同僚や先輩とのちょっとした会話の中にも、自然と未来のビジョンを描いた発言が現れます。


それは、社長の耳にも届くこととなったのです。

彼女は、初めて社長室に呼ばれます。

そして、「君の意見を訊かせてくれないか」と言われると、堰を切ったように自分のしたいことを話し始めたそうです。


彼女が描き始めたビジョンは、社長が考える会社の未来のビジョンとも一致するものでした。

「よし！君の企画をやってみよう」

「ミリオンセラーを達成しよう！」

そう言って、社長も彼女の背中を押してくれたのです。

それまで、Eさんは、社長の前に出ると緊張して上手く話ができなかったと言います。けれど、その日は自分でも驚くほど楽しく話すことができたのです。

すると、翌日も時間を空けておくように言われ、Eさんは初めて社長に同行しブックフェアにも出かけました。

そして、初めての打ち合わせから、1ヵ月後に逢った彼女から受けた報告は、次のようなものでした。

「新しい企画が通りました！」

「時給が上がりました！」

まさに、この本のテーマである、お金とマインドの法則『自分繁盛の法則』が働いたのです。

初日の打ち合わせのとき、私の〝想定外のビジョン〟を共有することで、彼女の潜在的な意識が動き出し、マインドの在り方が変わったのです。

「頑張っても多分時給なんて上がらないと思っていた」

と言っていた彼女の時給が上がったのは、会社の未来にとって必要な人材にEさんがなったからです。

「私自身、何が起こっているのか分かりません」

彼女は、そう言います。

何もしていないようでいて、何かをしている。

それが、無自覚な潜在意識が動き出すということなのです。

経験した人が一番、自分が何をしたのか分かっていない。

そういうものなのです。

未来に100万部を目指している人と、1万部を目指している人とでは、今現在の取り組み方が違ってきます。

1万部を出したことのある人は、1万部を基準にヒットを狙う。

100万部を出したことのある人は、100万部を基準にヒットを狙う。

それは、自分の想定内のスケールで人はビジョンを設定するからです。

Eさんにとって100万部というのは、想定外の数字でした。

非現実的なスケールのビジョン設定によって、彼女の潜在意識は動き始めたのです。

これまで、どうだったかではなく、この先どうしていこうか、という自分繁盛のマインドができあがったのです。

それは、

「どうやったら売れるのか」

「どうやったらヒットが生まれるのか」

という方法ではありません。
「どれくらいの人々に届けたいのか」
というビジョンなのです。

「100万人に届けたいという思いでつくっている本」と、
「ヒットを出さなければいけないと思っている本」では、明らかに誰のための本なのかがずれてくるのです。

これまで多くの本の出版をする中で、「誰のための本をつくりたいのか」。それが見えていない編集者が意外にも多いことに違和感を感じることがあります。

読者が求めているのは売れる本ではないということ。
読者にとってためになる本、読者の人生を変える本を皆求めているのです。

企画スタートの前提から、発信側が読者の人生をどう変えていきたいのか。何をこの本で届けたいのか。そこが本の命になっていくと私は捉えています。

私たちが本を世の中に出す以上、フォーカスすべきは読者であるということ。読んだ人の人生が変わるような言葉を届けたい。それが私のビジョンです。

Eさんは、私に、

「自分も人生を変える本を創りたい」そう言いました。

そして、私のビジョンを共有することによって、「これまで」ではなく、「これから先」に意識をシフトさせたのです。


Eさんが編集者として手がける本が、この先どんな結果をいつ出すのかなんて、誰にも分からない。だからこそ人生は面白いのです。


多くの人はこれまでの人生の延長線上に生きようとします。

それゆえ、〝想定外のビジョン〟を描くことができないでいるのです。

彼女は「この先編集者として自分が何をしたいのか」、根本に立ち返ったのです。

Eさんのモチベーションは止まることなく、内側からエネルギーが溢れ出し、彼女の人生が変わり始めました。

「この本が、彼女にとっての自分繁盛の法則になればいいな」

という思いもそのときから生まれていました。

何かに努力したり、何かを一生懸命頑張ったときには、全く起こらなかったことが次々に起こっていく。

そういう人生を、この本をつくっている人間が、味わい、体験していくということ。

それこそが今、私がここで伝えている自分繁盛の法則です。

この自分繁盛の法則をあなたにもお届けします。

どうぞ、あなたも自らの人生で体験してください。

そして、あなたの人生が、この自分繁盛の法則によって変わっていくこと。

それが、この本の使命になっていく。
そんな想いで、今、私はワクワクしています。

第2章

お金とマインドの法則

目に見えないものに投資することが、自分繁盛の第一歩になる

自分の価値を高めようとするときに大切なのは、
「いかにして自分を磨くのか」、
「何に投資するのかを見極めること」です。

自分の価値を高めようとすること。
自己投資をすること。
その本当の目的は、「自分自身が繁盛している状態を創り出すこと」なのです。

目に見えて、必ずや衰退してしまうものに投資するのか、目に見えない潜在的な価値に投資するのかで、未来は大きく変わります。

潜在的な未来の価値に投資すればするほど、自分を繁盛させることができるのです。

目に見えない価値を上げていこうとすることで、10年先の自分は確実に変わっていきます。


「10年先の自分を繁盛させるために、あなたは今、何をしますか」

10年先の未来に自分をどう活用するかを、「今」、決めることが大切なのです。

どんな人生にしたいのか。

それを創り出していくのが、メンタルトレーニングです。

10年先の自分の価値を上げることに投資をすること。

それは、年を重ねることで豊かになっていく、知性や愛、人間力といった目に見えない力となり、あなたの人生の価値を何倍にもするのです。

1本2千円のバラは高くない

たとえば、花屋さんで目を奪われるような美しいバラが売られていたとします。
値段を見てみると1本2千円。
そのすぐそばには、10本2千円のセール品のバラが売られています。
あなたなら、どちらを選びますか。

「1本2千円のバラはキレイだけど、ちょっと高すぎる。私には贅沢すぎる」
「2千円出すなら、こっちの方が断然お得。枯れても1本200円のバラなら仕方ない」

と感じる。

どちらのバラの方が価値があるかは、実のところ、そのバラ1本から、どのくらいの情報をあなたがキャッチできるかによって異なります。

目に見えない価値をキャッチできるマインドを持っているかどうかで、モノの価値は無限に変動していきます。

「1本2千円のバラは、どのくらい長持ちするだろうか」

そう考えると、途端に、1本2千円のバラが3日で枯れてしまったとき、「やはり高い買い物だった」と後悔することになります。

「1本2千円」という額面。そして、「咲いている日数」という目に見えている現状の価値だけに意識が向かうからです。

けれど、「1本2千円」という存在感や、インパクトといった数値化できないモノに意識が向かえば「希少価値の高いバラだ」と感じられ、「価値あるモノを買った」と思うことができるでしょう。

1週間咲き続けるバラよりも、3日のための2千円だとすれば、1日あたりの価値はむしろ高いとさえ感じられます。


「価値を薄めることで、お得感を得たいのか」

「強烈なインパクトに、影響を受けたいのか」

もちろん、どちらが良い悪いとは言えません。

「10本で、1本分の価値のバラ」を求めるのか、「1本で、10本分の価値あるバラ」を好むのか。

それは、

「10人並みの人間」になるのか、「一人でも10人並みの価値ある人間になるのか」

どちらの在り方を選ぶのかは、あなた次第です。

マインド・ビューポイントを引き上げて、多くの情報をキャッチする

私たちは普段、目に見えている物理次元に存在しています。

けれど、物理空間にいながら「目に見えない価値」を感じていくことのできる力を持っています。

この、目に見えないモノを見る視点を私は、心の視点〔マインド・ビューポイント〕と呼んでいます。

私たちがこの世界で生活している以上、目に見えるものに反応するのは当然のことです。けれど、〔マインド・ビューポイント〕を引き上げていくことによって、

この世界にいながらも目に見えないモノ、耳に聞こえないモノを感じられるようになるのです。

同じものを目の前にしても、〔マインド・ビュー・ポイント〕を引き上げることで、多くの価値を感じられるようになります。


心の視点、〔マインド・ビュー・ポイント〕を引き上げることによって、階層のある心の次元を、高次元に引き上げていくことができます。

人は、目に見えていない無意識の世界、つまり、まだ起きていない未来を感じることができる力を皆持っているのです。実存しているかどうかではなく、実存しているものの世界、物理空間の中で、何をどれほど感じていけるのか。

〔マインド・ビュー・ポイント〕を引き上げていくことによって、「感じる力」は無限に引き出すことができるのです。


人が日常、意識できている意識のことを顕在意識と言います。

マインド・ビューポイント
心の視点を引き上げる

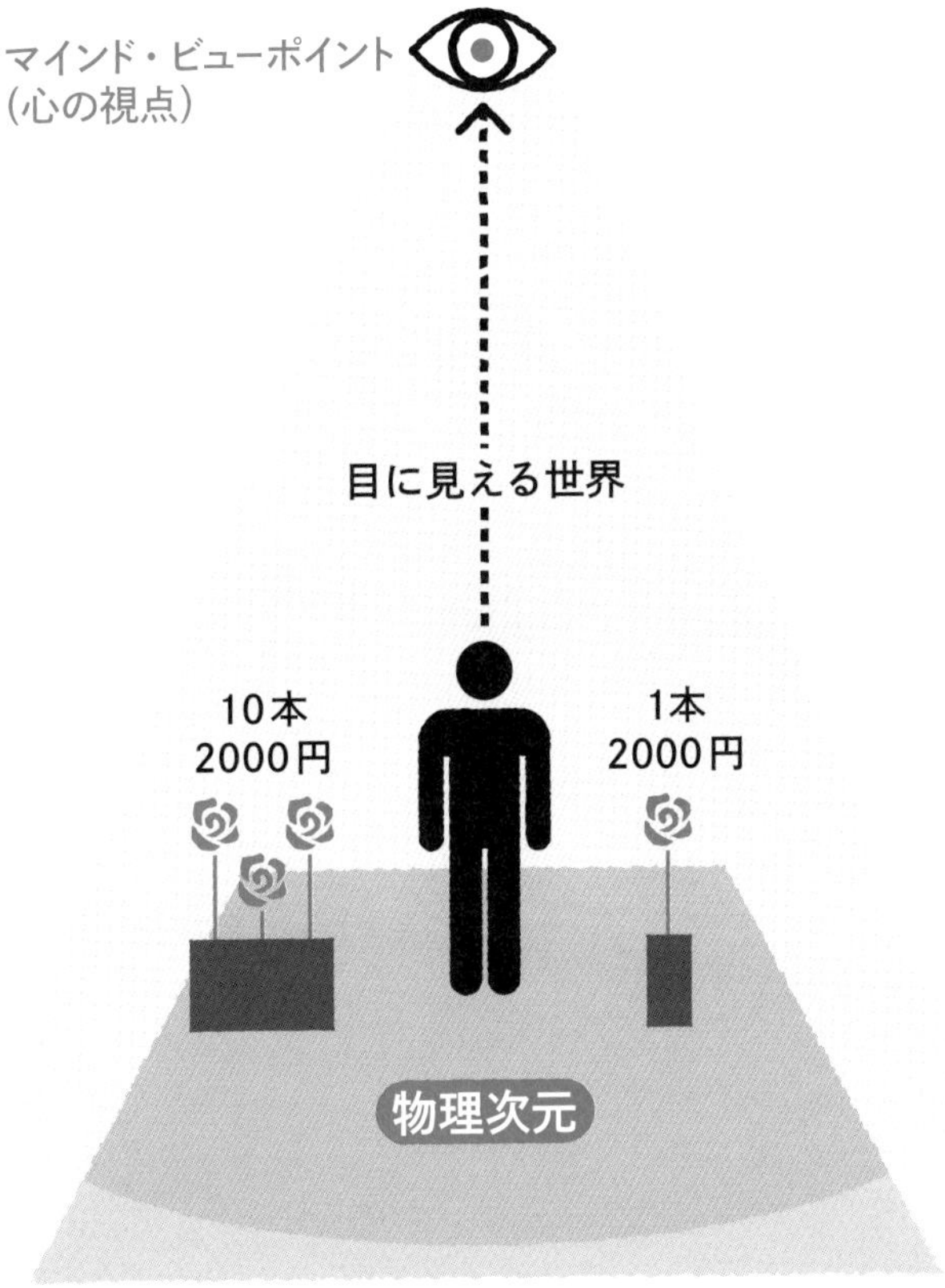

これは私たちが普段、何かを考えたり判断したりするときに使う脳の領域ですが、この領域は脳全体のわずか10％にも満たないと言われています。

残りのおよそ90％以上は、意識できていない意識。つまり、潜在意識です。

潜在意識は、普段は眠っています。

「マインド・ビューポイント」が引き上がっている状態というのは、無意識のまだ感じられていない世界にアクセスしていく、スタートラインに立っているようなものです。この感覚は、トレーニングしていくことで誰もが体感できるようになります。

メンタルトレーニングの真の意義とは、自分がまだ自覚できていない意識をいかに意識化させていくかなのです。

それが潜在的な力を引き出すことに繋がるのです。

「マインド・ビューポイント」が引き上がると、先ほどの1本のバラにおいても、今、目に見えている価値ではなく、時間軸を飛び越えて多くの情報を感じ取れる

見えない価値を感じる心の視点

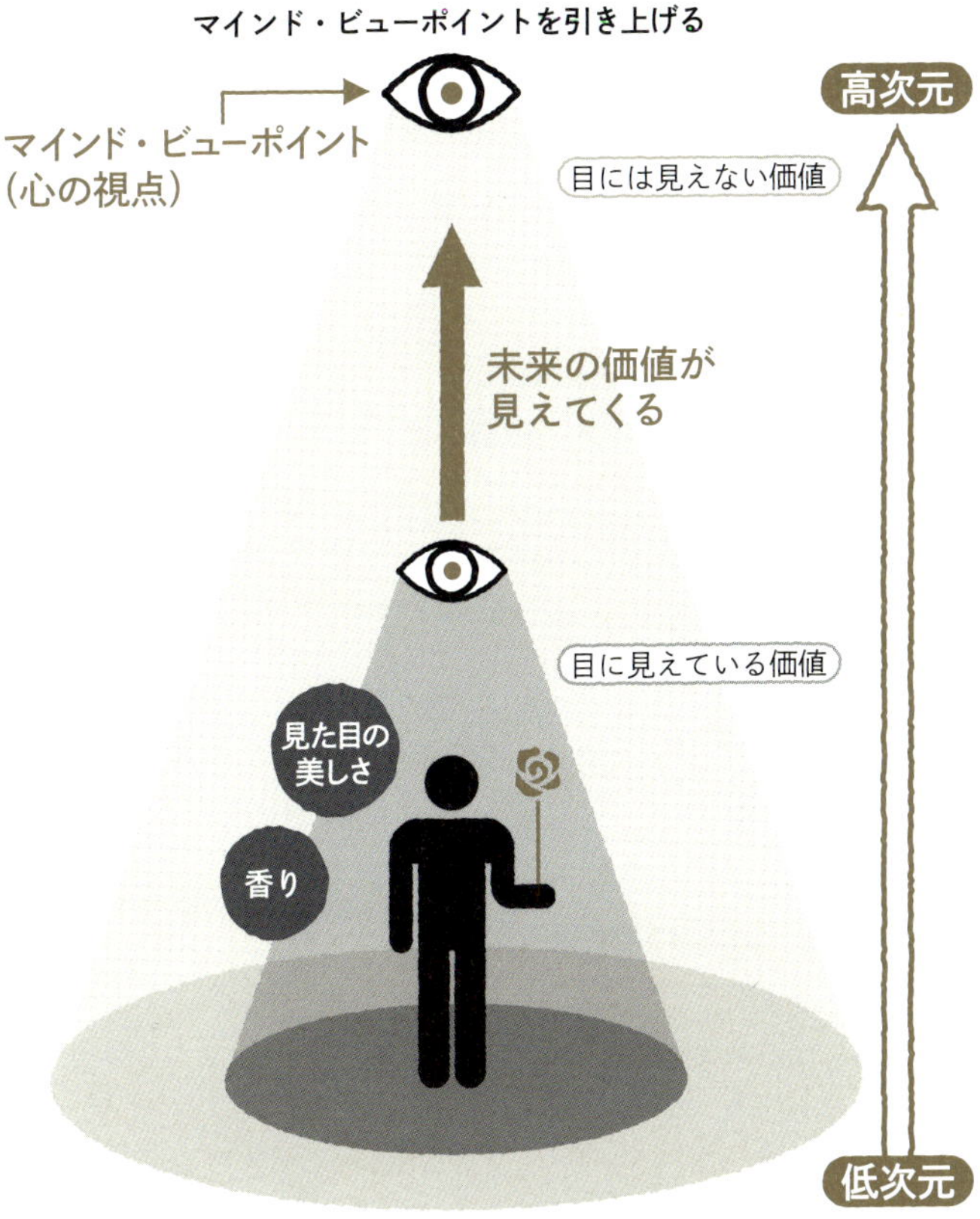

ようになれるのです。

自分繁盛の法則はここにもあるのです。

そのバラに費やされている、これまでの時間とコストはイメージすることで、無限に感じられていきます。

「誰かの時間と手間をかけて、大切に育てられたモノを手にしているのだ」と感じることができれば、目に見えない「+α《プラスアルファ》の価値」を多分に感じられます。

そして、そのバラを買った自分の生活が、どんなに素敵なものになるか。

今、現在にいながら、未来を想像してワクワクすることだってできるのです。

たとえば、ベッドルームにそのバラを飾り、眠りにつくときの高揚感や、朝起きたときに部屋いっぱいに広がっている、甘い香りをリアルにイメージすること。

そうすることで未来の価値を、そのバラは創り出してくれるのです。

今このバラが高いかどうかという目に見える次元ではなく、この先の何日間の「自分を喜ばせてくれるモノとなる」といった、目に見えない「+α《プラスアルファ》の価値」を感じることができるのです。

現実に生きながら、過去をイメージしたり、未来をイメージすることが人間にはできます。

だからこそ、人は自分の人生を振り返ることもできるし、思い出に浸ることもできるのです。そして、未来の空想に思い耽ることだってできるのです。

それは、人間の「意識できている世界＝顕在意識」と「意識できていない世界＝潜在意識」を上手く活用していくことに繋がっています。

意識が未来に向かえば、具体的な金額という、目に見える現状の価値に囚われることなく、千円のモノでも、その価値を3千円にも1万円にも、引き上げることができます。

これこそが自分繁盛できる人のマインドなのです。

〝自分繁盛マインド〟を創るメンタルトレーニング

私のメンタルトレーニングでは、これまで「できなかったこと」を、この先の未来に「できる」にするための潜在能力を引き出していきます。

トレーニングを続けることで、自らの「こう在りたい未来」を明確にし、自分繁盛できるマインドを創り上げていくのです。

そのためのワークを一つ、行ってみてください。

《〝自分繁盛マインド〟を創るメンタルトレーニング》

あなたが人生において手に入れたいことを、最高に欲張りに思い描いてください。それがあなたの自分繁盛の状態を生み出します。

そして、それに対して自分がどう思うのかという「感情」を付け加えていってください。あくまでイメージです。

非現実的なことであればあるほど、効き目があります。

これはトレーニングです。現実の「計画」ではなく未来の「ビジョン」です。

過去、現在の延長線上にビジョンを設定しないこと。

ポイントは、映画の主人公になったように、「生まれ変わったら…」とイメージすること。

これまでどうだったかは度外視して、未来の「こう在りたい自分」を創り出していきましょう。

自分繁盛のバランスシート

あなたの自分繁盛の状態を書き込んでみましょう

仕事 WORK	
健康 HEALTH	
学び STUDY	
愛 LOVE	
ファッション FASHION	
友人・ 人間関係 RELATIONSHIP	
財力 WEALTH	

◆〝自分繁盛マインド〟を創るメンタルトレーニング　記入例

仕事

大学在学中に立ち上げたベンチャー企業が軌道に乗り、いまや1000名以上の従業員を率いる経営者として活躍している。

近々、大手メーカーとコラボレーションという形で、新規事業を始める予定でいる。

起業した頃に描いていたイメージした以上の展開だが、やりたいこと、やってみたいことが次々と湧いてきて、ワクワク・ドキドキの毎日を送っている。

健康

身体にいいものを追求しているうちに、有機野菜に興味を持つようになった。

当初は小さな菜園を借りて、自分のために野菜を育てていたが、次第に評判となり、インターネットを通じて野菜を販売するようになる。

自分の畑だけでは生産が追いつかなくなった頃、大きな農園から声をかけられ、共同名義で野菜をつくることになった。

自分の名前がついた野菜が多くの人の手にわたっていくことは、最高に喜ばしく誇らしい気持ちでいる。

学び

出張で訪れた発展途上国で、貧困のため学校に行くこともできない、食事もままならない子どもたちと出逢う。何か自分にできることがないか。そう真剣に考えるきっかけを与えられる。

帰国して、自分の仕事を通して、より多くの子どもたちを幸せにするために、大学に入り直し、社会福祉事業について学び始めている。まだ自分にはやれることがあるんだという確信を持って、若い頃より積極的に学んでいる。

そんな自分が嬉しく、誇りに思っている。

愛

ずっと一緒にいた家族と離れ離れで暮らすことになった。様々な揉め事が起き、話し合った結果、別々の人生を送ることにした。

別れて暮らし始めて、自分がどれだけ愛され、そして愛していたのかということに気づくことができた。今では、近くにいるときは遠くに感じていた存在が、遠く離れることによって、とても近くに感じられるようになれている。

その自分の内側で感じられている愛を持って、この先出逢う人々を、また愛することのできる喜びに、胸が高鳴っている。

ファッション

60年代ファッションに興味があり、毎日装いを変えて楽しんでいると、「あなたを見ていると元気になれる」と言われるようになる。そう言われて、自分のファッションが、誰かの元気の源になっていることに気づき、より積極的に、人にエネルギーを与えるようなスタイリングを、提案するようになっていった。

趣味で始めたファッションアドバイスがクチコミで広がり、休日はその活動で忙しくなってきた。ファッションを通じて、人の人生に関わる喜びを深く知るようになり、初めて出逢う人の笑顔を見る瞬間が、嬉しくてたまらない。

友人・人間関係

友人は多い方ではないが、ずっと逢っていなかった幼なじみと、しばらくぶりに再会。話を聞いていたら、将来のことや家族のこと、仕事のことなどを打ち明けられ、別れ際に「真摯に自分の話を聞いてくれてありがとう。力になってもらえて本当に嬉しかった」と言われた。その友人の涙を見て、自分の存在が相手の存在と、繋がっていくということを、初めてかみしめられた。

かつて、人との付き合いに難しさを感じていたこともあったのに、こんなふうに人の心と触れ合うことができた自分を、とても頼もしく思っている。

財力

ある日、財布を盗まれたことをきっかけに、些細な犯罪であってもいかに人を傷つけダメージを与えるか、ということに気づかされた。それをきっかけに犯罪防止のシステムの開発に取り組むことに。やがて完成した画期的なシステムは、日本のみならず海外にも輸出され、ビジネスで大成功を収める。

そして「真の社会貢献」＝「ビジネスの成功」という法則を、人々に伝える機会が増え、講演で世界中を飛び回る生活が始まる。多くの人々に、犯罪のない社会、そして安全と安心の大切さ、何より挑戦する素晴らしさを伝えることができ、幸せな気持ちに満たされている。

このトレーニングは、今この瞬間から未来の自分を変えていくためのトレーニング、「未来記憶のワーク」です。

「未来記憶」とは、まだ起きてない未来に対する記憶のことです。

未来に対するイメージを明確に、リアルに思い描くことで、それはやがて、現実のようなリアリティを増していきます。

そして、潜在意識がそのイメージを、「現実として手に入れたい」と動き出す。創り上げた「未来記憶」を、繰り返しイメージすることで、やがて自ずと、意識しなくても、その記憶に沿った行動や思考を、無意識にするようになります。

脳の働きにおいて重要なのは、過去、現在、未来という時間軸ではなく、いかにリアルにイメージできるのか、その強さなのです。

コツは、視覚的なイメージだけでなく、聴覚、味覚、嗅覚、触覚などの五感をフル稼働させること。イメージが鮮明になればなるほど効果的です。

人間の能力の限界があるとすれば、それは人間のイマジネーションの限界です。

多くの人は、イメージする力を退化させてきているのです。

そしてそのイメージを現実にするために必要な「リアリティ」を生み出す力を活用できずにいるのです。

自らのマインドをトレーニングすることで、

あなたの潜在能力は無限に引き出せるのです。

これまでの自分と、これからの自分が同じである必要はない

私は、人生というのは、自分の限界を超えていくためにあるのだと思っています。
今、「できるか」「できないか」ではなく、未来、「どう在りたいのか」。
その想いで、10年先の自分を、いつも目指して追いかけていく。

未来の「在りたい自分」に恋い焦がれるとき、人は、自らの人生で最高の自分
繁盛の状態になれるのです。

誰に恋をしようとも、

どんな仕事に没頭していようとも、
未来の自分に無我夢中であること。

それが、一番の喜びになるのです。

「無い」モノを「在る」に変えていくマインドを持つこと。
自らの価値を常に未来に向かって、生み出し続けていくこと。

これが私の伝えたい、自分繁盛というマインドの状態です。

「自分は、そんなふうにできない」そう思う人がいるかもしれません。
けれど、「自分にできない」と今、決めつける必要はないんです。

少しでも、未来の自分に恋い焦がれてみたいと思うなら、「未来の自分のビジョン」を思い描くことから始めていけばいいのです。
その未来のビジョンは、過去の自分と違っていていい。
未来の自分と、過去の自分を比較することはない。

これまで培ってきた自分、今の自分と、この先の自分は違っていて当然です。
同じである必要性など、どこにもないのです。

にも関わらず、人は今の自分で、明日を生きようとする。
今の自分で未来を考えてしまうから、あなたの未来は変わらなくなってしまうのです。

先ほどの「未来記憶のワーク」の真の意味は、あなたのマインドの状態を、今この瞬間から〝自分繁盛のマインド状態〟に創り上げることにあります。

そのための、トレーニングの一つなのです。

どうぞ、とびきりの〝想定外のビジョン〟を思い描くことから始めてみてください。

第3章

貧乏マインドを形成するメンタルブロック

お金は、価値を交換するツールでしかない

「無駄遣いをしてしまった」

そう反省することは、ありませんか。

果たして「無駄遣い＝反省すべきこと」なのでしょうか。


この根底にあるのは、「無駄遣い＝お金を祖末にすること」

お金はむやみやたらに使ってはいけないという概念です。

お金は使わずに、「貯めること＝お金を大切に扱うこと」

そう捉えているのです。

お金は何のためにあるのか。
それは貯めるためではなく、使うためにあるのです。

お金は価値を交換し合うためのツールです。
1枚の紙であるお金は、それ自体に価値はありません。
その紙切れに、価値を与えているのは人間です。

お金を「使わない」というのは、お金に「価値を与えない」ということ。
いくらたくさん持っていたとしても、使わなければそこに価値は生まれません。

貯め込んでしまえば、お金は活用できずに価値を生み出しようがないのです。
それにともない、お金本来が持つ有り難みは薄れ、役に立つこともないままに埋もれてしまいます。

仕事においても、業務を与えられなければ、価値ある存在として活躍する機会も当然、やってこないのです。

お金を一人の人間として扱ったときに、あなたはその人間に価値を与えているでしょうか。

「貯金すること」「使わないこと」というのは、その流れを止めてしまうこと。

お金を使わず貯め込んでしまうことで、あなた自身の価値も今以上に上がることはないのです。

あなたの手元に来たお金は、あなたの力になるため、あなたの元に回ってきているのです。

そのお金を使って、あなたがあなたの価値を上げるのです。

すると、あなたの価値が上がっていくのに比例して、あなたの生み出すお金もまた増えていきます。

社会の仕組みの中で、あなたの価値が変動すれば、それと同じく、その対価であるお金もまた変動します。

変動しない価値を生み出すための唯一の方法は、自らの価値を高め続けるマインドを創り上げること。

今お金があるかないかなど、問題ではないのです。

何より問題なのは、あなたが現状の自分の価値がいかほどであるかに、無関心であるということです。関心がない以上、未来のあなたの価値は上げようがありません。

お金が欲しい、お金持ちになりたいと言いながら、自分自身の価値に興味がない。

実はそのことの方が根深い問題なのです。

自分自身の価値を高めない限りは、望むようなお金が自分の手元に入ってくることなど、永遠にないのです。

モノを買うとき、見えない価値を手にしている

お金が貯まらないと嘆く人に共通しているのは、

「お金をできるだけ使いたくない」

「減らしたくない」

そう思っていることです。

お金が貯まらない本当の理由は、

「使うからではなく、使わないから」だということに気づいていないのです。

1万円のものを買えば、1万円札が1枚減る。

これは物理次元では当然のことです。

けれど、その1万円で買ったモノを通して、実は目に見えていない「未来の価値」をあなたは手に入れているのです。


モノを買った瞬間の価値が、すべての価値ではありません。

それを手に入れたことで、あなたの未来に変化を起こすことができるからです。

1万円で手にしたモノには、あなたを豊かにする、まだ見えていない「+α《プラスアルファ》の価値」が乗っているのです。

その価値が、あなたの未来を変えていくのです。


それは、単に財布の中のお金を減らしたのではなく、目に見えない価値を手に入れたといえます。

たとえば、スキルアップのために学校に行き、技能を身に付けることで、時給(給料）が上がれば、それはお金を使って自分の価値をアップさせたということになります。食べるもの、着るもの、見るものも、すべて、買った時点では、物理次元のお金は減りますが、見えない「＋α《プラスアルファ》の価値」として、あなたの人生に上乗せされているということ。

そのように未来の自分の価値のために、お金を使うということが、「自己投資」となるのです。

もし、お金を使いたくないからといって、人に逢う機会を減らしたり、学ぶチャンスをつくらず、食べるもの、見るものに意識を向けなければ、あなたの価値は今のまま。それどころか、時間とともにその価値は、どんどん減ってしまうでしょう。

目に見えるお金が減ってしまったという「喪失感」と、手に入れたモノと「＋α《プラスアルファ》の価値」とのバランス感覚が崩れると、お金を使うということに対して、罪悪感が生まれます。

1万円を1万円として使うのではなく、1万円を10年後に1億円にするために使う。新たなビジネスモデルを生み出すために、今その1万円を使うことで、「未来のビジョン」をたぐり寄せることもできるのです。

今手放した1万円で、未来の自分の価値を創り出すことができれば、その1万円は、「今以上の価値を生み出す自分」になるための投資額となる。

「使えていないお金は価値を生み出さない」。

逆を言えば、「お金は使わないと、価値を生み出せない」のです。

未来の自分の価値を高めるもの、自分が価値を感じられるものにお金を使うことは、決して失うことではない。

お金を使う瞬間の喪失感に囚われることなく、手に入れたモノの「目に見えない未来の価値」を感じられるマインドを創ること。

それこそが自分繁盛を生み、一人一人の真の経済的自由へと結びつけてくれるのです。

中止になったコンサートのチケットにも価値がある

たとえば、あなたが半年後に行われる、大好きな海外アーティストのコンサートのチケットを手に入れたとします。

プレミアチケットとも言われる、そのチケットを手にしたあなたは、毎日それを眺めては、「どんなコンサートになるのだろう」「何を着ていこう」と、思いをめぐらせていました。

ところがコンサートの1週間前、急遽そのアーティストの来日が中止になってしまいます。当分、再来日の予定もありません。

そのとき、あなたはどう感じるでしょうか？

「仕方ない。またいつか、彼らが来るのを楽しみに待っていよう！」

「今日までワクワクすることができてよかったし、楽しみが次にまた延びただけ」

そう感じることができるとしたら、そのチケットは「＋α《プラスアルファ》の価値」を生み出したことになります。

これが〝自分繁盛マインド〟です。

一方、「せっかく、楽しみにしていたのに裏切られた！ワクワクして損したわ！」

と、ネガティブな感情を抱く人もいるでしょう。

これが、自分繁盛を遠ざける〝貧乏マインド〟です。

せっかくあなたが半年間楽しみにしていた時間という価値を、自ら下げてしまうことで、あなたが買ったコンサートのチケットは、元金以下のマイナスの価値を生み出したことになるのです。

そもそも映画やコンサートのチケットは、買った時点で当日までの「ワクワク感」という目に見えない「+α《プラスアルファ》の価値」を手にしているのです。

その時点で、払ったお金の半分以上の価値を手に入れているのです。

買ったモノに見えない「+α《プラスアルファ》の価値」をどれくらい感じられるかというのは、買った人の心の在り方によって大きく変わります。

目に見えるモノは1枚のチケット。けれど、そこには手にした人それぞれの「+α《プラスアルファ》の価値」が上乗せされているのです。その価値を上げるのも下げるのも、その人のマインド次第なのです。

たとえば、私は昔買った、あるハイブランドのスーツを持っていますが、今着てもワクワク感は当時と少しも変わることがありません。

それは、そのときの自分が背伸びをしてでも欲しかった、価値あるスーツだったからです。手が出ないモノに手を出したという強烈なドキドキ感、ワクワク感を、そのスーツとともに買ったのかもしれません。

今は多少日焼けしている部分があったりして、経年劣化と共に目に見えるモノとしての価値は下がっています。けれど、私のテンションを上げてくれるという意味では、変わらず価値のあるモノなのです。

目に見えるモノ以上の価値を自分自身が感じることができれば、自分繁盛に近づけます。

何にお金を払うのか。

目に見える存在なのか。目に見えない感動や原動力なのか。

物を手にすると同時に、そうした目に見えるモノ以上の価値を、感じられるマインドを持つことが、自分繁盛の人生を創り出してくれるのです。

落ち着いて考えるから、自分繁盛が遠ざかる

「よく考えてから行動しなさい」
そんな言葉を親や先生から言われ、多くの人は大人になります。

たとえば、あなたが街を歩いていて、何だかとても気になるお店があったとします。ふらりと入ってみると、以前欲しかったけれど、なんとなく買えなかったモノに再び出逢ったとします。

そんなとき、あなたは何を思いますか？

「やっぱり素敵だなぁ、でも今の自分にはまだ無理かも」

「せっかく貯金したのに、今使ってしまったら、きっと後悔するに決まってる」

「今月は何かと出費があるし、また今度にしよう」

このようにあなたも、「よく考えてからにしよう」と、店を後にしますか。

それとも、また次来たときには、売り切れてしまうかもしれないから、取り置きをして家に帰り、じっくり考えてから決めますか。

この「よく考える」ことで、人は行動に一時停止のボタンを押します。

人がじっくり考えようとするのは、「失敗」を回避したいからです。

「落ち着いて考えてから決めよう」

そう思うことで、買わない理由を探し始めます。

うわっと湧き起こる衝動を抑え、冷静な判断をしようとするのです。

けれど、失敗を避けようとすればするほど、行動にブレーキがかかり、決断を先送りにしてしまいます。

やがて、「決断すること」＝「失敗を生むこと」のように感じてしまい、決断自体も避けるようになるのです。

よく考えれば考えるほど、躊躇してタイミングを逃してしまいます。

手にしたときのワクワク感という価値は消え失せ、本当にそれが欲しいモノだったのかどうかすら、分からなくなってしまうのです。

人生にとって大切なのは、感動できる何かに出逢うこと。

何かを「素敵」だと感じられる瞬間の内側の煌《きら》めきです。

モノを手に入れるときのワクワク感というのは、その時、その瞬間しか味わうことはできません。チャンスは一瞬だけ。

「これを手に入れたら、きっと明日はワクワクするものになる」。

心がそう感じるモノを手にする瞬間の輝きが大切なのです。

欲しいものを手に入れる、やってみたいことをやる。

そう心に従うことで、自分という存在が確かなものになっていくのです。

確かな存在である自分を創り上げていけば、すべての決断において「失敗」という概念自体が人生から消滅していきます。

いつも心のワクワク感に従って生きていれば、急に現れたチャンスも一瞬で自分のものにできるのです。

そうした一つ一つの経験が、あなたの自分繁盛を創り上げていくのです。

自分自身に満足していない日本人

内閣府が平成26年6月に発表した『平成25年度　我が国と諸外国の若者の意識に関する調査』において日本の若者は、「自己肯定感が低い」という結果が出ました。13~29歳の調査対象者のうち「自分自身に満足している」と答えた人は、半数以下の45．8％。アメリカの86％、韓国の71．5％に比べ、非常に低い数値となっています。

「上手くいくか分からないことも、意欲的に取り組むか」の問いに対してYesと答えた人の割合も、日本は52．2％なのに比べて、アメリカは79．

3%、韓国は71．2%。

ここには、「不確かなことにはチャレンジはしない」というマインドが見えます。根拠をつくりようのない未来に対して、不安を感じてしまうので、生涯年収が飛躍的に高まったり、華麗な転身をするといったイメージを、持ちようもありません。

それゆえ、「老後が不安だから、今のうちにお金を貯めておこう」と考える人が増えているのです。

「自分にはお金を生み出せない」と思っている以上、「貯めておこう」という意識が芽生えるのは当然のことともいえます。

「自分には価値がない」→「時給が上がらない」→「自分は稼ぎが悪い」→「そんな自分の価値はやっぱり低い」と、引き下がった肯定感を抱きながら、人生を歩み続けてしまうのです。

今の自分自身に対して肯定感が持てなければ、この先の自分が「お金を稼げる人間になれる」と思えるはずもありません。

「自分の価値が低い」という自己イメージを持っていると、当然その自己フレームの外側で、高いクオリティの仕事をこなす人間になるイメージを、持ちづらくなります。

そうした根強いマイナスの自己イメージが邪魔をして、高い時給で働く人生を、何かする前から遠ざけてしまうのです。

これまでやってきた結果で、自分の未来を決めてしまうと、過去、上手くいっていない、マイナスの自己イメージを持っている人の人生は、この先も塗り替えようのないものになってしまいます。

ネガティブな自己イメージを塗り替えるには、意識を未来に向けること。

メンタルトレーニングを通して、心の視点を引き上げること。

目に見えない未来を感じていくこと。
それこそが、自分の人生を好転させる唯一の方法となるのです。

潜在意識がお金を拒んでいる

たとえば、ダイエットにおいて、

「この方法を試してみよう」

「よし、今度こそは痩せてみせる」

と宣言しても、なかなか続かなかったり、いつの間にか元の習慣に戻ったりして、リバウンドを繰り返してしまうことはありませんか。

それは、潜在意識にある自己イメージのフレームが、「太っている自分」から抜け出すことを拒んでいるからです。

その自己イメージを「未来、痩せられている自分」に塗り替えない限り、永遠に痩せられず、太っている自分を維持してしまうのです。

いくら顕在意識で太らないようにとダイエットに励んでも、潜在意識が痩せることを拒んでいれば、行動自体に変化は起こらないのです。


お金に関してはどうでしょうか。

私たちは子どもの頃から、

「無駄遣いをしてはいけない」

「将来のために、しっかり貯金しておかないといけない」

と教育されています。


アニメや昔話では、「お金持ち＝嫌われ者」、「貧乏人＝正直者」のように描かれたりすることが多く、知らず知らずのうちに「お金を持つのは悪いことだ」というイメージを持って大人になるのです。

やがていつの間にか、

「お金は人を不幸にする」

ということが潜在意識に刻み込まれていきます。

それゆえ、お金を使うことや、お金を手にすることに罪悪感が生じてしまうのです。

そして無意識の中に、

「お金がないほうが、幸せになれる」

そう刷り込まれていくのです。


それゆえ、転職や大抜擢でこれまでにない昇給のチャンスがあっても、

「こんな上手い話には、きっと落とし穴があるに違いない」

と、無自覚にブロックをかけてしまうのです。


いくら顕在意識で「お金が欲しい」と思っても、潜在意識が「お金を簡単に手に入れてはいけない」と拒んでいれば、永遠にお金を手にすることはできません。

「好きなものを好きなだけ買えたらいいな」と思っても、潜在意識が「使ってはいけない」とブロックをかければ、どんなにたくさんお金があっても、それを使うことはできません。

たとえば、普段500円のランチで節約している人が、5千円のランチを食べれば、「今日は贅沢してしまった。せっかく今まで節約したのに、もったいないことをした」と罪悪感を感じ、ますます厳しく節約するようになるでしょう。

こうした潜在意識にかかる無自覚なブロックを外さずに、いくら「収入を上げる方法」を身につけようとしても、そもそも上手くいくはずがないのです。

まずは、潜在意識にアクセスし、お金に対するブロックを外すこと。

それが、未来の自分を変えるために必要不可欠なことなのです。

「お金がない」が普通になっていませんか

想像してみてください。この先の人生において、とんでもない大金を手にするチャンスが、目の前にやってきたとします。そのとき、あなたならどうしますか。


「こんなお金は自分には似つかわしくない」

「きっと何かの間違いに決まっている」

お金が手元に入ってきた途端に、居心地が悪くなって、とっさにそれを避けようとしたりすることはないでしょうか。

それは、これまでの自分というイメージにそぐわない、はるかに超える金額に対しギャップが生じ、いつもの自分のイメージに見合う「お金がない状態」を自らキープしようとするからです。これは、無自覚にかかる〝メンタルブロック〟の仕業です。

人間には、生命を維持するために、周囲の環境が変化しても、体温や血液の流れなどを維持しようとする機能があります。

ホメオスタシス（恒常性維持機能）といわれているものです。

この機能は、身体だけでなくマインドにも働きます。

いつもと違う行動をしようとすると、恐怖や不安を避けるために、無意識に平常心に戻そうとします。

上手くいくかどうか分からない未来に対して不安になり、自分を守ろうとするのもホメオスタシスの働きです。

自己イメージもそれに大きく関係しています。

過去の経験や記憶によって形成された「自分はこういう人間だ」という自己イメージから外れる行動は、居心地の悪さを感じ、心がブロックをかけてくる。

人はこの、自己イメージの範囲内で生活することに、心地よさを覚えるのです。

「自分はお金がない」という自己イメージを持っていると、同じくメンタルブロックの仕業で、心はその状態でいることが心地よくなります。

それゆえ、その範囲から外れるような大金を手にしたり、自分のイメージとは違う、大胆なお金の使い方をすることで居心地が悪くなり、無意識のうちに元に戻ろうとしてしまうのです。

これが〝貧乏マインド〟を創り出すのです。

〝貧乏マインド〟でいる限り、いくら理想の未来を描いたとしても、「今のままが心地よい」という自己イメージに引っ張られて、変わることを阻み続けてしまいます。

人間は、無意識に変化を避けようとする生き物なのです。

大金が掴めるチャンスがやってきても「こんなことはあり得るはずがない」とチャレンジすることすら、避けるようになってしまうのです。

一方、「私はお金に恵まれている」という自己イメージを持っていれば、たとえお金がない状態になったとしても、プラスの状態にホメオスタシスが働くので、すぐにプラスに引き上げてくれるのです。

こういった〝自分繁盛マインド〟を持っている人は、「お金はいつでも自由に使えるものだ」と感じられているので、自分が欲しいと思ったものには、お金を惜しみなく使うことができます。それゆえ、目に見えない「+α《プラスアルファ》の価値」を余すことなく人生に活用していけるのです。

ホメオスタシスの働き

メンタルブロックの仕業で、はみ出したら調整される

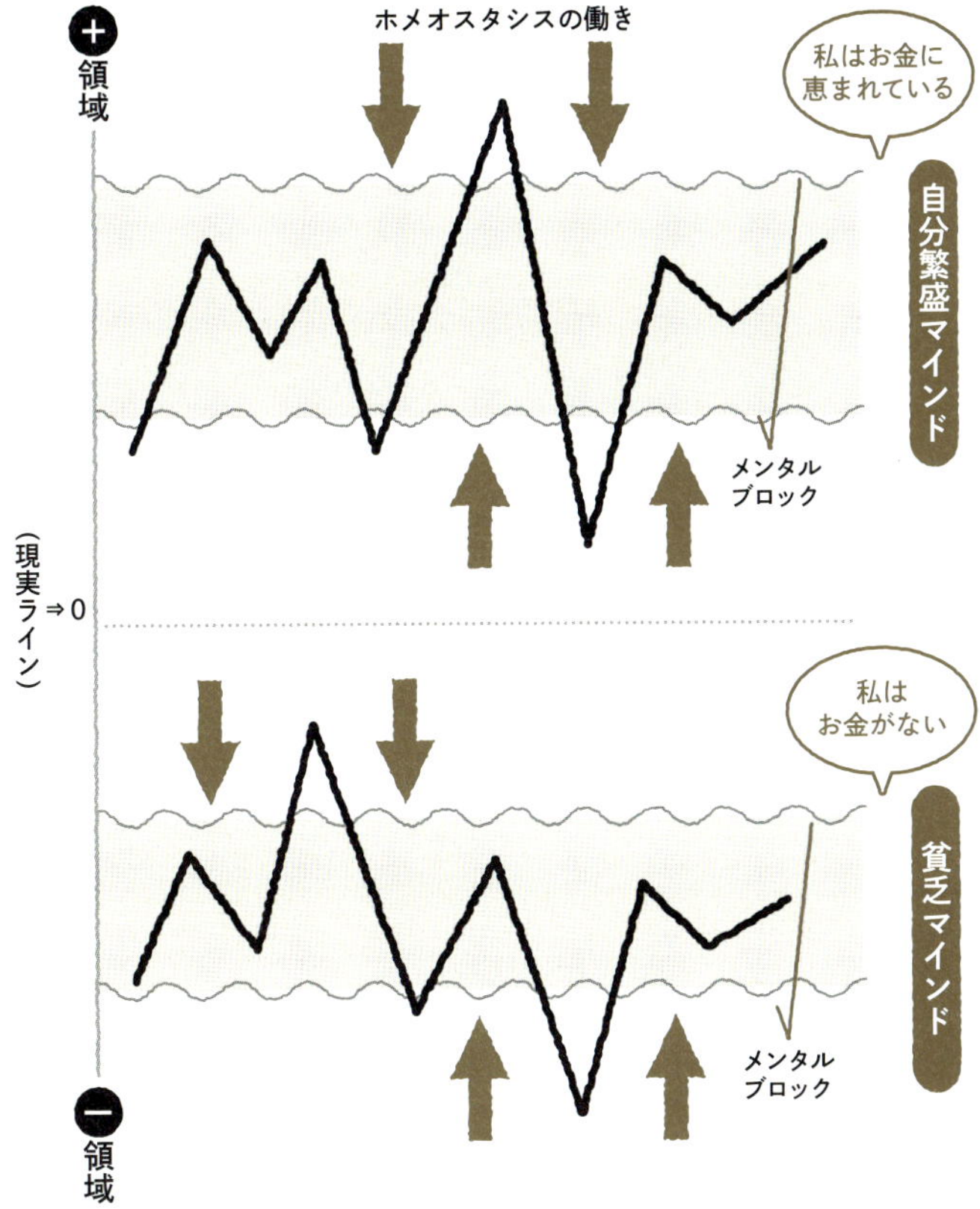

自分繁盛を遠ざける5つのメンタルブロック

〝貧乏マインド〟の人は、お金を持つと
「こんな大金を持ったら、いつかよくないことが起こる」
と不安になり、慣れていない自分に居心地の悪さを感じます。

「どうせできっこない」

「これまで上手くいったためしがない」

と始める前から口にしてしまう。

「お金を持つと、人からやっかまれる」という思い込みがある。

「お金は汚いものだ」というイメージを持っている。

「自分がお金持ちになるなんて無理だ」と諦めている。

こうした〝貧乏マインド〟は、お金との関係だけでなく、過去の経験や他人から言われたことなど、社会通念として知らず知らずのうちにできあがります。そして人生のあらゆる場面で、ネガティブスパイラルを生み出すのです。

そこには自分繁盛を遠ざける、いくつかの無自覚な「メンタルブロック」が、かかっています。

それを外せば、誰もが〝自分繁盛マインド〟に近づくことができます。

〝貧乏マインド〟のスパイラルにはまるメンタルタイプは、次の5つに分けられます。

不安系【タンス貯金タイプ】

お金持ちになりたいと思っても、

「どうせ自分には無理」

「頑張っても、状況が変わるはずがない」と、何かをする前から挫折してしまうタイプ。

「できない自分」という無能感に囚われ、〝自分繁盛マインド〟を遠ざけます。

自分への信頼感が低いので、「お金を自分で生み出していく」というイメージが持てず、執拗にお金を貯め込んでしまいます。

口ぐせ「自分にはもったいない…」

軟弱系【浪費タイプ】

自分よりも他者を優先させるタイプで、行動動機を他者に委ねてしまいます。自分で物事を決めることは避けがち。

他者を優先するあまり、自分が何をしたいか、何を欲しいかが分からなくなって、「自分にはそれは必要ない」と、使いたいこと〔want〕ではなく、使わなくてはいけないこと〔have to〕にお金を使ってしまいます。

浪費することで罪悪感が強く出るのもこのタイプ。

また、何かと自分には価値がないと考え、自分を粗末に扱ってしまいます。
口ぐせ「今は我慢しよう…」

臆病系【アンチマネータイプ】

お金を稼ぐということに、そもそもネガティブな感情を持っているタイプ。

「お金は、汚いものだ」

「お金を、稼ぐのは悪いことだ」

「お金は、悩みの根源である」

といった、お金に対してマイナスなイメージを持っているので、仕事に対しても意欲が湧かず、目標なく毎日を過ごしてしまいます。

いつも斜に構えて本気モードでぶつかることができず、自分の本質的な価値と向き合うことを、無意識に避けてしまいます。

口ぐせ「しょせんお金なんてものは…」

自爆系【衝動買いタイプ】

「めんどくさいことはいや」

「いつかお金が入ったときに」

「また今度にしよう」

今、向き合うべき現実から目をそむけるタイプ。

本気でぶつかって失敗するのを恐れる反面、ときにムシャクシャしたり、イヤなことがあると、衝動的にお金を使ってしまうこともあります。

口ぐせ「いつかお金が入ったら…」

お気楽系【貧乏タイプ】

本当は、どこかでお金持ちになりたいと思っているのにも関わらず、

「お金がなくたって幸せになれる」

「お金は天下の回りもの」

「お金はそこそこあれば充分。困ることはない」

とお金に対して楽観的なタイプ。

お金に執着がない分、無自覚に今の状態をキープしてしまうので、収入が上がることに対しても、無自覚なブレーキをかけてしまいます。

表面的には楽観的に見えても、実は深いところでお金に対してのトラウマがある場合も。

口ぐせ「お金がなくても、何とかなる…」

以上、5つのメンタルタイプの特徴を挙げましたが、メンタルブロックは複合的にかかるものです。

まずは、自分のメンタルブロックのタイプを知り、自分繁盛を蝕む原因を知ることで、お金に囚われのない、〝ニュートラルなマインド〟にリセットすることができます。

自分繁盛を遠ざける
メンタルブロック　チェックシート

自分が当てはまると感じるものにチェックを入れましょう。

A.不安系 タンス貯金タイプ

- A □「稼げなくなったらどうしよう」と心配になるときがある
- B □ 将来成功している自分のイメージがない
- C □ 一度やると決めたことを諦めてしまうことが多い
- D □ つい、「どうせ上手くいくはずがない」と考えてしまう

B.軟弱系 浪費タイプ

- A □ 人に嫌われることを恐れている
- B □ 他人の誘いを断れないことが多い
- C □ 他人の言うことや社会のルールに従って生きてきた
- D □ 他人のことを優先するあまり、自分のことを後回しにしてしまう

C.臆病系 アンチマネータイプ

- A □ お金に執着する人は格好悪いと感じる
- B □ 恥をかくことを極端に避けたがる
- C □ お金儲けに飛びつく人は浅はかだと思う
- D □ お金持ちと聞くと、何となく嫌な気分になる

D.自爆系 衝動買いタイプ

- A □ 面倒なことは嫌い。楽しみを見つけるのは上手い
- B □ ときおり不安感や、イライラを抑えられなくなる
- C □ 何か問題に直面したり、壁にぶち当たると逃げ出したくなる
- D □ イライラしたり、不安を感じると、衝動買いをしてしまう

E.お気楽系 貧乏タイプ

- A □ すぐ使えるお金のストックがあると落ち着く
- B □ お金を持った自分をイメージすると違和感を覚える
- C □「明日やればいい」が口癖である
- D □ 貧乏をネタにして、笑いを取ることがある

次のページの点数表で、あなたにかかりやすいブロックがわかります。

自分繁盛を遠ざける メンタルブロック　点数表

チェックシートでチェックした部分の点数を合計して記入しましょう。

A 不安系 タンス貯金タイプ	B 軟弱系 浪費タイプ	C 臆病系 アンチマネータイプ	D 自爆系 衝動買いタイプ	E お気楽系 貧乏タイプ
□ A 2点	□ A 2点	□ A 2点	□ A 4点	□ A 2点
□ B 1点	□ B 3点	□ B 4点	□ B 3点	□ B 4点
□ C 3点	□ C 1点	□ C 1点	□ C 1点	□ C 3点
□ D 4点	□ D 4点	□ D 3点	□ D 2点	□ D 1点
点	点	点	点	点

メンタルブロックレーダーチャート

A～Eのそれぞれの合計点数をチャートに書き入れ、線でつないでください。
それがあなたのメンタルブロックの傾向です。

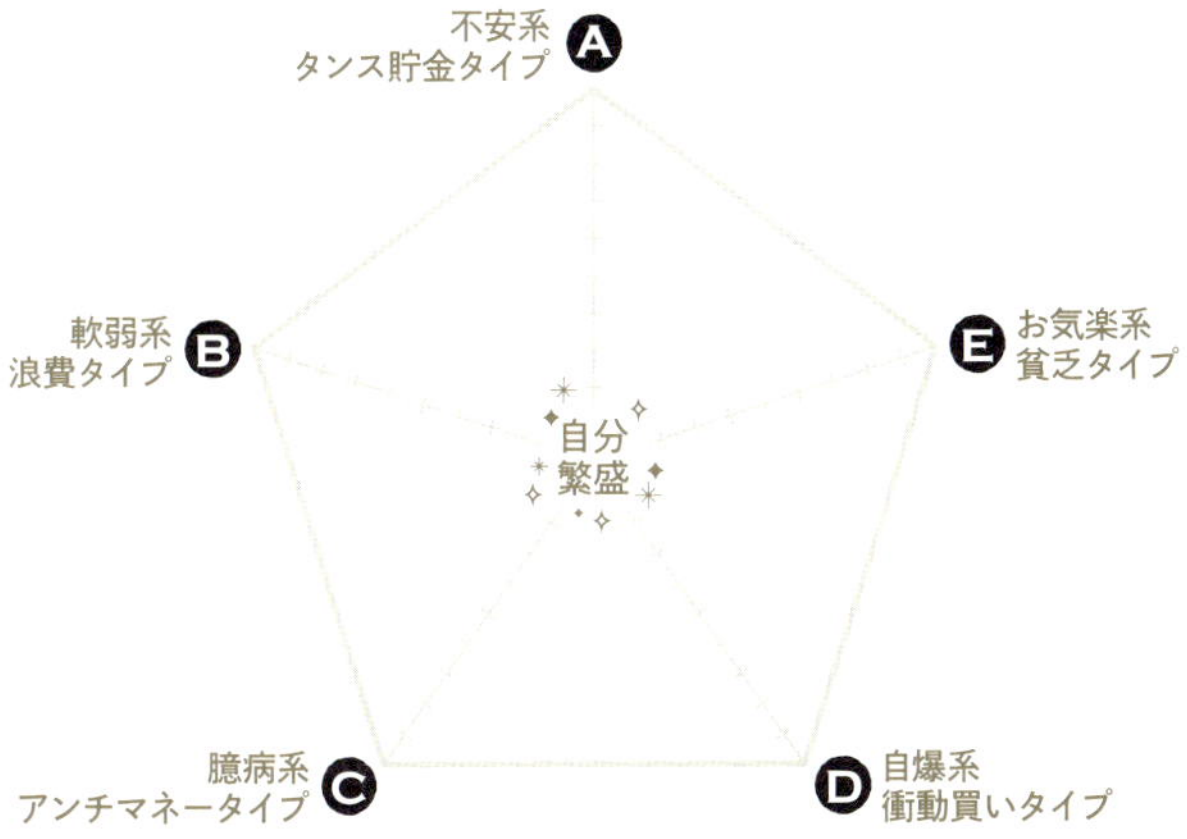

「なぜ」を探ると、見えないメンタルブロックが見えてくる

「期待されると逃げ出したくなる」

「何かが上手くいきそうになると、なぜか手を抜きたくなる」

そうした表面的な問題意識から「なぜ？」を繰り返し問いかけていくと、あなたのメンタルブロックが形成された過去のルーツが見えてきます。

自分でも忘れてしまったような過去のネガティブな「感情の記憶」が、今のあなたや、未来のあなたを縛っているのです。

たとえば、30代の会社員の女性、Nさんの場合です。

Nさん「昇給したのに、モチベーションがすっかり下がってしまっているんです」

久瑠「いつ頃からですか」

Nさん「最初はもちろん嬉しくて、やっと認められたって…」

と、覇気のない様子で話してくれました。

久瑠「やってきたことが認められると同時に、新しい仕事にはまだ慣れない感じなのでしょうか」

Nさん「はい、すでにプレッシャーを感じてしまっています」

久瑠「やりがいよりも、期待に応えようとしているのでは」

Nさん「そうなんです。それがなんだか、とっても居心地が悪いんです」

久瑠「その居心地の悪さが、Nさんのモチベーションを下げているのですね」

Nさん「いたたまれなくなるんです。私、結局いつもそこから逃げてきてるかも…」

久瑠「逃げてきた…。期待されることからでしょうか…」
Nさん「自分は、みんなが思うほどできる人間なんかじゃないし、そんな期待に応えられない。きっとその期待を壊すことになるから…」
久瑠「どうしてそう思うのかしら」
Nさん「それは、いつも、必ず失敗してしまうからです」
久瑠「どんな失敗をしてしまったのですか」
Nさん「子どもの頃に、失敗してからかわれたことがあって。そのとき、すごく傷ついたんです…」
Nさんは、傷ついた過去の経験を話し始めました。
Nさん「あるテストでひどい点をとったことがあったんです。初めてだったんです。自分でもショックだったのに、友達に『うわぁー、ヤバイだろ。それ。』とテストの答案用紙を見てからかわれたんです。そのときからテストを受けるのも恐くなってしまって…」
久瑠「そこで傷ついた経験が、今でも忘れられていない…」

Nさん「はい…」
久瑠「そのときのことを思うと、何を感じますか」
Nさん「強烈な疎外感を感じます」
久瑠「何を失うと感じますか」
Nさん「信頼…」
久瑠「それを失うとどうなってしまう？」
Nさん「誰にも相手にされなくなって、一人ぼっちになってしまう…」
久瑠「そうすると、どんな気持ちになりますか」
Nさん「寂しくて消えたくなります」

Nさんは、幼少期に失敗したことをきっかけに、自己喪失寸前の状態を経験し、今なお、その喪失感に苦しめられていたのです。

Nさんの場合、「出世したのになぜ落ち着かないのか」という疑問を投げかけていった結果、このような子どもの頃の記憶がよみがえってきました。
「テストで悪い点をとったことを友達にからかわれた」ことを、「失敗した↓バカにされた↓一人ぼっちになって誰からも相手にされない↓寂しくて消えてしまいたい」と、独り、深刻に受け止めてしまっていたのです。
失敗に対する恐怖心が深く彼女の中に残ってしまい、それが、Nさんの心に強烈なメンタルブロックをかけていたのです。

他人が聞くと、日常の一つになりうるような何気ない経験や失敗が、本人にとっては「消えてなくなりたい」と思うほど、傷つけてしまうこともあるのです。そして、子どもの頃に強烈にかかってしまったメンタルブロックは、未来に持ち越してしまいます。

Nさんは、大人になった今でも、自分の能力を発揮することにブロックをかけていたのでした。それゆえ、彼女は誰かから期待されると、その寸前で、無自覚なブロックが襲い掛かってきて、まだ何も起こっていないうちから、居心地が悪くなっていたのです。

メンタルトレーニングを通して、Nさんは無自覚にかかるメンタルブロックに気づくことができました。

そして、そのメンタルブロックを自ら外すことで、新たな自分の潜在的な力を発揮できる、自分繁盛マインドを創り出していきました。

Nさんの心のルート

なぜ出世するのが
居心地が悪いのか？

> みんなが期待するから

期待されて何が困るのか？

> 期待を壊すことになるから

なぜ期待を壊すのか？

> 失敗するから

失敗すると何が困るのか？

> 誰にも相手に
> されなくなって、
> 一人ぼっちになるから

そうするとどんな
気持ちになるのか？

> 寂しくて消えたくなる

心のルートをたどるワーク

あなたが普段上手くいかないと感じていることに「なぜ？」を繰り返し問いかけてみましょう。

なぜ＿＿＿＿＿＿＿＿＿＿＿＿＿＿＿＿＿＿＿＿

＿＿＿＿＿＿＿＿＿＿＿＿＿＿＿＿＿＿＿＿＿＿？

＿＿＿＿＿＿＿＿＿＿＿＿＿＿＿＿＿＿＿＿＿＿

＿＿＿＿＿＿＿＿＿＿＿＿＿＿＿＿＿＿＿＿だから

なぜ＿＿＿＿＿＿＿＿＿＿＿＿＿＿＿＿＿＿＿＿

＿＿＿＿＿＿＿＿＿＿＿＿＿＿＿＿＿＿＿＿＿＿？

＿＿＿＿＿＿＿＿＿＿＿＿＿＿＿＿＿＿＿＿＿＿

＿＿＿＿＿＿＿＿＿＿＿＿＿＿＿＿＿＿＿＿だから

なぜ＿＿＿＿＿＿＿＿＿＿＿＿＿＿＿＿＿＿＿＿

＿＿＿＿＿＿＿＿＿＿＿＿＿＿＿＿＿＿＿＿＿＿？

＿＿＿＿＿＿＿＿＿＿＿＿＿＿＿＿＿＿＿＿＿＿

＿＿＿＿＿＿＿＿＿＿＿＿＿＿＿＿＿＿＿＿だから

そうするとどんな気持ちになるのか？

＿＿＿＿＿＿＿＿＿＿＿＿＿＿＿＿＿＿＿＿＿＿

＿＿＿＿＿＿＿＿＿＿＿＿＿＿＿＿＿＿＿＿＿＿

＿＿＿＿＿＿＿＿＿＿＿＿＿＿＿＿＿＿＿＿＿＿

第4章

お金に逃げられる人は愛にも逃げられる

手に入れたいモノは、すべて手に入れればいい

「お金持ちになりたい」

「仕事で成功したい」

「素敵な人と結婚したい」

仕事も、お金も、愛も、すべて同時に、並列に手にしたいとは思いませんか。

なぜ、多くの人はそうしたすべてを手にできずにいるのでしょうか。


「自分に自信が持てないから」

「自分にはそんな価値がないから」

そうして、大切なものに優先順位をつけることで、何かする前から諦めようとしてしまう。

仕事に打ち込みすぎて、家庭をないがしろにしてしまったり、お金を手に入れることばかりを考えて、人間関係が希薄になったりと、何か一つを目標に頑張ると、バランスが崩れてしまうということが起こりがちです。

それゆえ、「今は仕事を頑張りたいから、恋愛はしばらくやめておこう」と、何かを目指すときに、ほかの何かをセーブするようになってしまうのです。

あなたの人生においてしたいこと、大切なことを同時に手に入れるために、何かを諦める必要はありません。

仕事や恋愛、家庭など何か一つに囚われて、ほかを諦めながら繁盛させようとするから、人生のバランスが崩れてしまうのです。

「自分繁盛」は自分を取り巻く世界そのものが繁盛するので、「商売繁盛」のように何か一つだけが繁盛している状態とは異なります。

自分自身が繁盛すれば、すべてが上手く回り始めるのです。

人に好かれているかどうか、お金があるかどうか、そんなことは全く気にならなくなります。

自分以外の外側の世界に気をとられず、自分の内側の価値を追求し、一刻も早く自分繁盛のマインドを創り上げることです。

そうすれば、周囲がどうであろうと、どんな不況であろうと、

次から次にオファーがやってくる人。

いつもチャンスに恵まれる人。

自分繁盛できる人になれるのです。

一つずつ少しずつ幸せになる人なんていない。

幸せな人というのは、目一杯幸せを感じている人のことをいうのだから。

人生で手に入れたいものは、すべて手に入れたらいい。
何かを諦める前に、自分繁盛するマインドを創り上げれば、
それは、誰もが実現できるのです

世間の価値基準に合わせようとするから、人生が貧しくなる

一つ質問をします。

生涯を供にする結婚相手を選ぶとき、

「自分が幸せにしたい人」

「自分を幸せにしてくれる人」

あなたなら、どちらを選びますか？

世間では、結婚相談所やお見合いパーティーに足を運ぶ「婚活難民」が溢れています。

結婚したい人々が溢れているのに婚姻率が上がらないのは、

「自分が幸せにしたい人」ではなく、

「自分を幸せにしてくれる人」を多くの人が求めているからです。


「年収は1000万円以上」

「収入が安定している」

「学歴はやっぱり大事」

といった、いわゆる「こういう人と結婚すれば、幸せにしてもらえる」という世間が決めた価値基準を当てはめ、年齢や年収といった条件の中で、相手を選ぼうとすればするほど、結婚は遠ざかります。


たった一人の自分のパートナーを、自分以外の誰かがつくった価値基準で選んでしまう。

それは、「失敗したくない」というメンタルブロックがかかっているからです。

「何があるか分からないから、お金は貯めておいたほうがいい」
「生活に困らないよう、安定した収入のある人と結婚したほうがいい」
と、「失敗しない」「失わない」を基準に行動してしまうのです。

人が羨むほどの素敵な人であっても、どんなお金持ちであっても、あなたにとって価値ある人であるかは別の問題です。

パートナーに対し、世間の価値基準を当てはめて、基準に満たない部分を引き算してしまうと、どうしてもマイナス意識が生まれてしまいます。相手の素敵なところを見つけて掛け算をすれば、無限にプラスが生まれていきます。

見た目の表層的な美しさや、変動するお金や職業といった「目に見える価値」は、やがて劣化します。けれど、「目に見えない価値」は、あなたのマインド次第でどんどん増やすことができるのです。

「未来にどう在りたいのか」
「何にお金を使うのか」
「誰と生涯を供にするのか」
大切なのは自分自身の価値基準です。

「幸せにしてもらいたい」ではなく、
「幸せにしたい」と思える相手を選べば、
自分の存在価値を大きくする、すなわち自分繁盛の人生を掴み取ることができます。

そんな選び方をすることが大切なのです。

愛も、お金も、人生も、「自分がこの先どう在りたいか」で自分の未来を選べばいいのです。

いつか欲しい素敵なモノは、今すぐ手に入れると決めればいい

大人になると素敵な異性に出逢っても、過去の恋愛経験から、

「どうせ私には、こんな素敵な人は釣り合わないだろう」

「もし付き合えたとしても、フラれてしまうかもしれない」

と考えてしまいます。


素敵な人から交際を申し込まれたとしても、

「私には見合わない」

「だまされているんじゃないか」

などと疑って、気持ちを受け取ることを拒否してしまうことさえあります。

それは、

「その素敵な異性に見合う人になるつもりがない」

「今までの人生をキープするつもり」

という宣言であり、無自覚にも「変化しない人生」を知らず知らずのうちに選んでしまっているのです。


それは仕事においても同じです。

ポジション、役職など、オファーがあったときに、

「まだ準備ができていない」

「こんな役は自分にはまだ無理だ」

と、断るのと同じことです。

「いつかは最高に素敵な人と一緒になりたい」

「一番好きな相手と付き合いたい」

と、多くの人はそんな憧れを口に出さずとも持っています。

では、あなたはそれをいつ手にするつもりですか。

「二番目に好きな人と一緒になると、幸せになれる」という説がありますが、
これには大反対です。
「二番でいい」ということは、あなたにとって「一番ではない人でいい」ということ。
「一番したい仕事」ではなく、「一番ではない仕事」を選び、ひいては、「一番送りたい人生」ではなく、「一番ではない人生」を送ることになっても、あなたは本当にいいのでしょうか。

今の自分がどうであれ、願わくは最高の人生を送りたい。

そう思いながらも、自分にとってのベストを手にするつもりがない人生を送ってはいませんか。

あなたはこの先もそうした生き方を選ぶつもりですか。

あなたが、この先、未来の自分のイメージをどう描くかによって、それはいかようにも変えていくことができます。

あなたは時間の流れをどう捉えていますか。

昨日が今日になり、今日が明日になる。

そこに何ら違和感を覚えることなく過ごしてきてはいないでしょうか。

時間というのは、過去から現在に至り、今この瞬間の現在は未来へと流れていく。

そう捉えられています。

実のところ、時間というのはどちらにも流れていないのです。

それゆえ、自分のイメージ次第で「時間は未来から流れてきている」と捉えることもできます。すべてはイメージです。

1時間先の未来は、1時間経てば現在になり、さらに1時間経てば過去となります。

未来はあなたの前から流れてきて、現在になり、過去となって後ろに流れていく。

つまり、過去や現在にこだわるというのは、後ろに流れていくものにしがみついている状態といえるのです。

多くの人は過去の自分のイメージを引きずって、現在の自分に見合ったものを選択し、また、未来に持ち越そうとしてしまうのです。

それゆえ、これまでの過去の自分が創ってきた、

今の自分にとってちょうどいい人や仕事、そして人生を選ぼうとする。

いわゆる「この程度の人」「これくらいで充分だ」を選ぶのです。

私のメンタルトレーニングでは、「これまでどうであったか」ではなく、「この先どう在りたいか」を創っていきます。

未来にこう在りたいという自分のイメージから、現在の自分を創るのです。

過去の自分、現在の自分には見合わないパートナーであっても、

「未来にこう在りたい」

「このパートナーに見合う自分で在りたい」

そう思うなら、現在の自分にふさわしかろうが、なかろうが、それを手にすることです。

そうでなければ未来は変えられないのです。

その瞬間に必要なのは、「未来において、自分はそれに似合う人間になるのだ」という勇ましい覚悟です。

今躊躇する自分がいるのなら、

勇気を持ってその人にふさわしい人に、今からあなたがなればいいのです。
「あんな素敵な人は私にはもったいない」というのは、
「自分は素敵な人間になるつもりはない」ということ。

それは、
仕事においていえば、
「あんな素晴らしい仕事は自分には似つかわしくない」、
「自分は会社に貢献するつもりはない」ということ。

「今の自分に似つかわしくない」
そう思うことが、自分繁盛を遠ざけるのです。

だからこそ、「二番目に好きな人と一緒になる」には大反対なのです。
幸せな人生を掴みたいなら、あなたにとって「最高の人」「一番の人」と一緒になる勇ましさを持つことです。

未来を供にするパートナーには、

こんな素敵な人は自分にはもったいないというくらいの人を、

どうぞ、思うがままに選んでください。

「モテたい」と願う人は、この先もずっとモテない

今現在モテている人は、「モテたい」とは思っていません。
お金持ちは、「お金持ちになりたい」とは思っていません。
そう聞くと誰もが当然のことと、納得するでしょう。

では、これはどうでしょう。
「モテたい」と思っていないから、モテる。
「お金持ちになりたい」と思っていないから、その人はお金持ちになる。
そう言われると、納得いかないと思います。

ここに、無自覚な無意識のトリックが、かかっているのです。

モテないからモテたいと願い、お金がないからお金を欲しがるのです。
モテていない現状にばかり意識が向くから、モテない状態をキープしてしまう。
やがて、モテようとする人は、モテない人に。
お金がない現状にばかり意識が向くから、お金がない状態をキープしてしまう。
やがて、お金を欲しがる人は、お金がない人に。

「モテたい」と願う人は、モテない人生を、
「お金持ちになりたい」と願う人は、お金のない人生を送る。
そこには、法則があるのです。

お金を持てていない自覚が、自分の肯定感を下げるのです。
自分に誇りを持たない人間に、人は集まりません。

人が集まらないから、商売もビジネスも上手くいきようがありません。

それゆえ、人やお金に苦手意識を持ち、恋い焦がれ、肝心の相手からは冷たくされるのです。

「モテない」「お金がない」ことを、能力や性格のせいにする人が多いけれど、それは、実のところ、無関係だったりするのです。

モテ「ない」から、モテたい。

お金が「ない」から、お金持ちになりたいと思う。

そう思っている人の深層心理には、「孤独になりたくない」「貧乏になりたくない」といった「ない」という気持ちが隠されています。

けれど、脳は否定形を感知しないため、貧乏や孤独に意識がいってしまうのです。

この「ない」という意識が自分繁盛を遠ざけるのです。

お金との関係が上手くいっていない人は、物理次元で目に見えるモノだけに囚われています。お金があるかどうかで自分の価値が変わるため、目に見えるお金が減っていくことに不安を感じ、貯め込んでしまうのです。

今自分がどれだけ給料をもらえているか、人並みの年収がなければ恥ずかしいという、外側のルールに縛られ、お金に媚びる人生になっているのです。

お金ではなく、自分に価値があると信じることができれば、目に見えるお金に囚われることはありません。

お金とどう付き合うのか、ということは、その人がどういう恋愛をするのかということにも、よく似ています。

実は、お金観と恋愛観は通じているのです。

物理次元でしか見ていないから、相手の表層的な言葉や、どこに連れて行ってもらえたか、どれくらい連絡をマメにくれるかなどの「目に見えるモノ」で愛をはかり、一喜一憂してしまいます。

「相手が何をしてくれるか」によって自分の価値が変わると思うからです。

自分を肯定するために、相手の存在を必要とするので、相手を失うことが不安になり、身勝手な束縛をしてしまうのです。


人生を好転させるには、未来に意識を向けること。

未来というのは、目に見えるモノではなく、まだ起きていないこと。

つまり「無い」モノを「在る」モノとして感じていくことで、初めて掴みとれる世界です。


その力を人間は持っています。

それが人間の潜在的な力です。

たとえば誕生日にプレゼントがなくても、恋人が仕事で逢いに来てくれなくても、あなたがその人の目には見えない愛を感じられるかどうかで、その物理的に空白の祝福を喜びとして感じることができるのです。

その力こそが、自分繁盛を生み出すのです。

人を愛することは、人生を満たす原動力となるから。

束縛する人間は、お金にも逃げられる

お金を束縛することは「貯金」すること。
あなたの元に留めることで、社会や他人と断絶させるからです。

愛も同じこと。
愛する人を大切にするあまり、自分だけの元に留め、社会や他人との接触を断とうとする。二人だけの世界をつくろうとすること。それが束縛です。

人は、社会的ポジションやキャリアが上がれば上がるほど、多くの人と出逢う機会が増え、多くの人と出逢うことで、多くの価値を生み出していきます。

そういった、大切な時間や人と出逢うチャンスを断とうとすることは、その人の価値をその時点でストップさせることになります。

もしくは、価値を退化させることになるのです。

そして価値の下がった相手と付き合うことで、自分の価値を下げることになるのです。

自分の愛を束縛という形で表現するのは、せっかく稼いだお金をタンス貯金しておくようなものです。

タンス貯金したお金は、自分のためにも、世の中のためにも役に立ちません。

一度入ってきたお金は、束縛せずに、使うことで流通させれば、目に見える価値だけでなく「+α《プラスアルファ》の目に見えない価値」を手にすることができます。

そうして、お金を回すことで、お金の価値も、自分の価値も上げていくことができるのです。

目に見えない未来に対して使えば、そのお金はまた戻ってきます。

今、目の前に相手がいるかいないかではなく、いなくなったときにその人がどれくらいの価値を生み出しているかをイメージできるようになれば、束縛しようとは思わなくなります。

たとえば仕事で帰りが遅くなったとき、今、目の前にいないパートナーがいかにして価値ある仕事をしているのかイメージすれば、「おかえりなさい」のひとことの、言い方まで変わってくるはずです。

それが本当の「愛」なのです。

愛は、相手に差し出すと一瞬なくなったように感じます。
お金も、財布から出した瞬間「失った」ような気がします。

愛するパートナーを束縛すること、お金を貯金箱に入れておくこと。
それはどちらもあなたの元にあるときは、働いていない状態にあるのです。
だからパートナーが仕事に行くことと、お金を使うことは「なんか目減りしちゃったな」なんて思うことはないのです。

お金を流通させることで価値を与え、それで新商品、そして人との新たな出逢いといった、また別の価値を得ているのです。

こうして、お金も愛も循環させることで、自分繁盛の状態を創り出すことができるのです。

他人軸の愛だと捨てられる

とかく、人は「誰と付き合っているか」「その人と何をしたか」に気を取られがちです。

たとえば、映画に行くとします。

どれほど人気があるか、評判がいいかは、あなたの外側の話。

肝心なのは、その映画を見てあなたが何を感じ取れて、どうその後のあなたの人生に影響を与えていけるかなのです。

何を見るかでもなく、誰と行くかでもなく、あなたが誰と過ごそうとも、あなたの内側で感じた時間だけがあなたの人生の価値となるのです。

働くことにしても、愛にしても、同じことです。

「いくらだから」「この人はこういう人だから」と、自分以外の何かに指標を合わせるのは、一刻も早くやめること。

「何をしたい」「誰と逢いたい」

それはあなたが決めるからこそ、内側からエネルギーが湧いてくるのです。

できる限り多くの「やりたいこと」に触れ、「逢いたい人」に逢い、思う存分世界を感じて、人生を堪能すること。

それがあなたの内側の価値を無限に高めてくれます。

そうすることであなたの「対価」が上がります。

あなたがどのくらい相手を愛したかが重要なのです。

その対価は、あなたが「どれほどに愛する人と巡り逢うか」に結びつくのです。

自分軸で愛すること、それは自分軸で働くことに通じます。

どれほど会社や社会に貢献するかで、あなたの価値は創られます。

その価値が給料です。


愛も仕事も経験を積めば積むほど、「これまでがどうだったか」ということに引きずられがちです。

けれど、あなたが意識するべきは「これからどうしたいのか」ということです。


そのためには人生を「他人軸」から「自分軸」に戻す必要があります。

「自分がどうしたいか」が軸になっていれば、どんな状況であろうと、自分以外の環境が変わろうと振り回されることはありません。


自分が「誰に愛されているか」ということではなく、自分が「誰をどれほど愛していると」があなたを輝かせます。

自分に確固たる軸があれば、たとえ別れが訪れたとしても、それは二人の関係性が変わっただけであって、「自分はこの先も愛したかったけど、相手はそうではなかった」と捉えることができます。

けれど、他人軸で恋愛をしていると、「裏切られた」「こんなに尽くしたのに傷つけられた」というネガティブな被害者意識が生まれます。

二人の関係が終わったとしても、あなたの愛が失くなったわけではないのです。

その溢れ出す愛をどうするかは、あなた次第でいかようにもできるのです。

どうにもならないのは相手の事情であって、それ自体は二人の問題ではない。

ましてや、あなたの問題ではないのです。

納得いかない事情を前にすると、人は問題ではない問題に固執することで、向き合うべき自分の愛から、目を背けがちです。

恋愛関係においては、相手も自分も自由な自立した存在であり、フィフティ・フィフティの関係です。

相手を選んだのも自分。

愛したのも自分。

すべてが自分の意志で決めたことです。

その愛を相手が受け取るのか、受け取らないかは相手の自由。

相手がどんな判断をしようと、あなたが「自分がしたいことをした」という価値を感じてさえいれば、自分はいつだって幸せでいられるのです。

お金も同様、「お金をもらえるかどうか」という他人軸ではなく、

「自分がお金を生み出す」

「自分がお金に価値を与える」

という自分軸に戻すことが大切です。

お金をどう使うかは自分次第であり、それに価値を感じられるかどうかは、あ

なたの心の在り方次第なのです。

同じものを買っても「お金を使って損した！」と思うことも、「欲しいものにお金を使えてよかった」と思うこともどちらも選べるのです。

愛、お金に関わらず人生すべてを受動的に過ごすのか、能動的に過ごすのかというのは、あなたの心の在り方次第。

この先の人生において、あなたがどんな恋愛をするのか、どんなお金との付き合い方をするのかは、あなた自身で決めることができるのです。

無意識に他人を幸せにできる、自分繁盛マインド

「恋をすると女性はキレイになる」

それは、好きな人の存在に対し、愛する気持ちが内側から溢れ出す、そのエネルギーでキラキラと輝き出すからです。

自分以外の誰かを大切にしたいと想うことで、そのエネルギーは無限に放出され自分自身を輝かせていくのです。

あなたが愛を与えることにより、あなた自身の人生の価値が上がり続けるのです。

こうした自分繁盛の状態が生まれると、相手が存在してくれていることそのものが喜びとなり、相手を想えば想うほど幸せな気分になっていきます。

そんな幸せなあなたを見ることで、相手もまた幸せな気分になるのです。


何もしていないのに、無自覚に「何かしている」存在になっていくのです。

この目に見えない「愛の循環」が起こることで、お互いがお互いの存在によって自分繁盛していきます。


その逆で、自分が満たされることばかりにこだわると、

「優しい言葉をかけてもらえない」

「記念日を忘れられた」

といった、不満がたまり、それは相手にも伝わります。

そして、その状態が続くと、次第に相手に疎まれるようになっていきます。

これは、「愛の循環」とは逆で、愛の奪い合いの状態です。

奪った愛では幸せにはなれません。
なぜなら、その愛の所有者ではないからです。

貧乏マインドは奪い合い、自分繁盛マインドは与え合う。

目に見えない価値を与え合う関係は人生を豊かにします。
無意識に誰かを満たすことのできる存在は、社会にとっても価値ある存在となるのです。

第5章

自分繁盛の人生を諦める必要はどこにもない

無くても在るを選択すれば、チャンスは掴める

Kさんはそれまでカフェで働いていて、事務の経験が全くありませんでした。
あるとき、私の知人の紹介で面接に来たのですが、彼女は、今までパソコンを使ったことがないと言うのです。

Kさんが派遣会社で面談を受けたとしたら、事務スタッフとしてパソコンが使えないというのは、当然、書類選考の時点で不採用となってしまうでしょう。

けれど、私は彼女を採用しました。

これには周りの人や、紹介してくれた人でさえも「なぜ？」と驚きました。
たいていの企業の採用試験においては、今すぐスタッフとして使えるか、使えないかでいったら、彼女は当然使えないという評価になります。

「どうしてKさんなんですか？」

と聞かれたとき、彼女にはスキルや経験はなかったけれど、私が一緒に見てみたい未来があったから…。

私は彼女の未来の可能性を信じたい、そう思ったのです。

私は、目の前にいる人に対して、今の価値で判断することはありません。
人を雇うということは、未来の可能性に対して時給を払っていく。
そう捉えています。
半年先、1年先にそれまでできなかったことが、できるようになった彼女をイメージするのです。

その彼女を見てみたい。

そういった視点で、目の前の人と向き合います。

過去の実績や経歴などがいくら華々しくても、一番大切なのは、未来にその人が、どんな価値を生み出す人間になるのかということなのです。

そして私は、彼女の潜在的な力を信じてみたいと思ったのです。


確かに今現在は、何もできない。

それでも、Kさんは面接を受けにきたのです。

何かするつもりでここに来た、というのが重要なのです。


「これまでの仕事を変えたい、人生を変えたい」

そう聞こえました。


そのとき私が、「その覚悟があるのか」と彼女に聞けば、「分かりません」と答えたでしょう。

「無いけど、在る」

それが、無意識にある人間の答えなのではないか。

私はそう感じています。目の前に座るその姿を見て、彼女の「見えない覚悟」を、私が受け止めたから、「イエス」と言えたのだと思います。

パソコンの電源の入れ方すら分からなかった彼女は、働いているうちにみるみる、事務スタッフの顔になっていきました。

「できることだけで、自分の価値を決めるのか」
「できないことを知ることで、自分には無理だと思うのか」
「できないことだらけであっても、それを一つ一つクリアして自分の価値を高めていくのか」

「無くても在る」を選択できる人間であるかどうかは、そこで分かれるのです。

どれを選択するのかは自分次第であり、自分の未来に対してどうしたいのかを、決してこれまでの自分や、現在の自分の能力だけで決めないことです。

「できるか、できないか」という判断基準はあなたの人生に必要ありません。それを考えた時点で、「できない」が前提となり、あなたの「どうしたい」は抑え込まれてしまうのです。

「自分の学歴では、いい仕事にはつけないだろう」
「これまでやってきたことと違う分野での転職は、難しいだろう」
動き出そうとするとき、経験がないからとためらったり、自分の経歴は価値がないと考えたり、一度失敗すると二度と復帰できないのではないかと不安になったりするかもしれません。

けれど、人生には未来が用意されています。

そのためのチャンスは、未来においては、誰にでも平等に与えられているのです。

自分繁盛の人生は逆境で笑う

たとえば、仕事で大きなミスをしたとします。
そのとき、あなたならどうしますか。

「やってしまった、どうしよう」と、頭が真っ白になる。
「とにかく頭を下げて許してもらおう」と、一生懸命に謝罪する。
「もはや自分が責任をとれることではない」と、放棄してしまう。
多くの人はやってしまったことに対処します。
やってしまった現状ではなく、この先の「未来」に対処しようとするのが自分繁盛の人です。

自分繁盛の人は、謝罪に行くときに、未来の対処法である「代替案」を持って行きます。

迷惑をかけたにも関わらず、その相手が逢ってくれるのは、これまでの関係を未来に繋げる意志があるからです。

自分繁盛の人生を送っている人は、それを逆転のチャンスと捉えます。

せっかくのチャンスを与えてくれた相手に対し、しでかした「言い訳」や、許しを請うのは、一人よがりの人間がすることです。

「期待を裏切りました、スミマセン」と頭を下げるのは、「過去」への謝罪です。

それでは単に損失を出したマイナスのまま。相手の怒りや不信感は、収まりようがなくなります。

自分の存在で価値を生み出す自分繁盛の人は、代替案を持って行き、まだ何もしてないのにアポをもらう人です。

私が、メンタルトレーニングで目指すのは、マイナスを生んでいるのにも関わらず、プラスを生み出してしまう人です。

相手がマイナスだと思っている状況に、すごい企画を持っていき、想定外の状態をつくる。ミスをして凹んでいる間もなく、売り上げを3ヵ月後に何倍にも引き上げる「リベンジ企画」を持って行く。

たとえば、500万円の損失を出したのであれば、1000万円のプラスを生む、代替案を出す。そうすることで、相手を驚かす強烈なインパクトを与えることができるのです。

ミスした人間は、失ったマイナスを補填しようと、ただ謝ることに必死になっている場合じゃないのです。そのマイナスをいかにしてプラスを生むきっかけにできるかどうかを、人生から試されているのです。

問題なのはミスしたことでも、相手に許してもらえるかどうかでもなく、自分が与えたダメージから何をどう返上しようか。そう捉えることができていないことなのです。

謝罪のためのアポイントを取り、その相手先の怒りや不安を鎮めて帰ってこられるビジネスパーソンは、確かに優秀な人材かもしれません。けれど、自分繁盛できる人間は、謝罪に行って3ヵ月先の アポイントメントを取って帰ってくる。そんな人です。

現状のミスに対処することではなく、今できること以上の、3ヵ月先、半年先の未来の契約を取ってしまうということは、相手の意識を未来に向け、未来においての関係をも確かなものにさせたということです。

ここがスーパーファインプレーを出す人間と、スーパーファインプレーを目指している人間の違いなのです。


「ここで契約を取ったらカッコイイだろう!」

「これをやれるのは俺しかいないだろう!」

と、常に感動を追い求める自分繁盛の人間は、逆境こそが絶好の魅せ場となるのです。

カッコよく働くことが、桁違いのお金を生み出す

人は、自分繁盛できると、桁違いのお金を生み出せるようになります。

それは、お金を稼ぎたいと思っているからではありません。


たとえば、プロ野球選手。

「プロになって、有名なチームに所属したい」

プロを目指すプレイヤーの多くがそう思っています。

けれど、その目的は二つに分かれます。

プロになることが目的か。

プロになって活躍することが目的か。

後者の「プロになること」ではなく、「活躍すること」が目的の選手にとって、有名なチームに所属し、プロ野球選手になれたことは、スタートラインでしかありません。これまで以上のトレーニングに励むことで、結果として活躍するから注目され、チームの人気者になります。毎年年俸が上がり、自分繁盛の人生を送るのです。


これは、企業で働くビジネスパーソンにおいても同じことが言えます。

「就活して、いい会社に入りたい」

そう、多くの人は思っているでしょう。

そして、めでたく入社できたところで、何となく「ホッ」としてしまう。

その先にそこで活躍し、

「会社にとって、なくてはならない存在になりたい」

と明確に思っている人間は意外にも少ないのです。

自分繁盛を求めているようでいて、「そこそこの達成感」で、何となく自分を安定化させてしまう。

そういう人が非常に多いのです。

自分繁盛の状態を、どんな状況においても維持していくことが、プロフェッショナルです。

「今日はできて、明日はできない」

「明日できるか分からないけれど、明後日はできるかもしれない」

人間は常にそんな不安定な状態にあります。それでも、いつもいい状態でいられる。人並みではなく、人より抜きん出ているから、年俸が上がっていくのです。

活躍して注目され、人気者になり、結果的に年俸が上がり、稼げる選手になっていく。

プロフェッショナルとして求められるのは、注目度を上げ、「魅了」すること。

常に期待以上の感動を与え続けること。

それはまさに、自分繁盛の状態をキープするということです。

プロである以上、自分ひとりよがりのプレイヤーではお金は稼げません。

「やっているつもり」というのは、プロではないのです。


ビジネスパーソンにおいてはどうでしょうか。

「自分が会社の力になっているのか」

「会社の売り上げを支えているのか」

という観点で、厳しく受け止めているでしょうか。

「やっているつもり」の人が多いのではないでしょうか。


ではなぜ、トップアスリートは自分に厳しくなれるのか。

ヒットを打たなければ、ベンチから外され試合に出られなくなるからです。

レギュラーを獲れなくなった選手は、プロではなくなる可能性が常にあるのです。

来年野球ができなくなるのです。

彼らは結果を出さなければ、年俸は下がり続けるのです。

そういった厳しいところで、常にチャレンジしていくことを求められ、自らもチャレンジし続ける彼らから、学ぶところはたくさんあります。

あなたはどうでしょうか。

それくらいの気持ちで自分の仕事をやっていますか。

自分を出し惜しみしないで、チャレンジしていますか。

失敗なんて誰だってしてします。

プロ野球選手だって、ヒットを打てないときもあり、ミスをすることも、ボールを捕り損ねることもある。100万回練習したって、次に何が起こるかなんて、誰にも分からない。

だからこそ失敗を怖れていたら、ヒットを打つチャンスすら失ってしまう。

プロ野球選手が、ヒットを打てないという状態は、ビジネスパーソンにたとえると、営業であれば、契約が取れないといった状態です。


ビジネスにおいては、「やれる範囲で頑張ればいい」という人は多い。

けれど、もしプロ野球選手がそんなマインドの状態であったらどうでしょうか。

レギュラーから外され、活躍の場さえ奪われてしまうでしょう。


ヒットを10割10分打てる人なんていません。

イチロー選手でさえシーズンを通して、4割打てるか打てないかです。

あれほどに日々ストイックにトレーニングを重ねている選手でさえも、4割以上打てていないのです。残りの6割何分は、全部失敗しているのです。それが何十年も続いているのです。

これは営業に置き換えたら、まさに、「逆境の大ピンチ」です。

その失敗を怖れていたら、彼らは野球選手を続けられません。

彼らは「できないこと、そもそも不可能なこと」にチャレンジしているのです。

そのために必要なのは、〔ヒットが打てない＝失敗した〕くらいで、「野球をやめようか」とか、「自分は野球に向いてないんじゃないか」とは思わないマインドです。

もちろん彼らも人間だから、打てなかったら凹みます。

けれど、そのときには、「よし次は、打ってやろう」と思う。

私は、そういった「逆境で微笑むマインド」を、選手と一緒に創り上げてきているのです。

そのマインドが、自分繁盛を創るのです。

誰もが人間である以上、人生において必ず上手くいかないときがきます。

だからこそ、メンタルトレーニングで失敗を怖れないマインドを創っていくことが、人生を切り開くために必要なのです。

一つの仕事というものを、プロフェッショナルとしての意識でもう一度受け止め直してみれば、桁違いの価値を生み出すことができる。

それなのに、多くの人はそれを最初から手放しているような気がします。

自分繁盛の人生は、誰にだって創れるのです。

1億円を手にする人生を、今諦める必要はどこにもない

「この1年で1億円を手にしたい」

もし、あなたがそんなことを口にしたら、

「何を言っているの？　どうかした？」

と周りの人は驚くでしょう。

自分自身でも「そんなことは無理だ」と思ってしまうことでしょう。


物理的な次元、今、目の前に見えていることだけで物事を判断すると、人は皆、

目に見えないモノ、非現実なことに対して、「無理だ」「おかしい」と思うものです。

人が、目に見えているモノに反応するのは当然のことです。
それは常に、人が現実に「在る」何かと向き合って生きているからです。

けれど、世界は目に見えるモノだけが存在しているのではありません。
目に見えないけど、確実に存在しているモノがあるのです。
それは、目に見えるモノが潜在的に持っている様々な「情報」です。
それらは認識されなければ、永遠に存在していないと判断されてしまいます。

人間は目に見えているモノ、認識できている情報だけに囚われていると、必ず限界が生じます。
自分が今できること、これまでの自分がやったことのあることしか「できない」と思ってしまうからです。

けれど、今までの人生では想像できないことを「できること」と捉えていくことで、自らの潜在能力を引き出すことができるのです。


「1億円を手にすることを放棄し、諦める人生」

「1億円を手にすることを明確にし、明らめる人生」

どちらを選ぶのも、あなたの自由です。


「自分には、あんな素敵な恋人は釣り合わない」

「大きな一軒家なんて、自分には縁のないものだ」

「1億円を手にすることなんて一生無理に決まってる」

そう思った時点で、すべてはあなたにとって無縁のものになり、あなたの人生に関わる可能性はなくなります。

無自覚に自分自身で、可能性を放棄してしまうのです。まだ手にしていない何かを、もう手にしている何かとして扱ってみる。

「無いモノ」を「在るモノ」として感じていくこと。

「無い」を「在る」にしていくのは、あなたのマインドの力のみです。


誰のものでもない自分の人生において、「欲しいものは欲しい」と願うこと。

それが、この先手に入るかどうかを、「これまでの自分」で判断しないことです。

今の自分が過去の自分に当てはめて、願望そのものを手放してしまえば、それは永遠に手に入らないものとなってしまいます。


経験を重ね、大人になるにつれ、「諦める」「放棄する」ことが、当たり前になってはいませんか。

今この瞬間、実現可能かどうかではなく、不確かな未来において実現したという欲求〔want〕を持ち続けること。

あなたが、放棄さえしなければ、それはいつだって自らの追い求める希望として、あなたの内側に存在し続けるのです。

上手くいかないとき、逆境において絶望を味わったときにこそ、その希望が、新たな勇気をくれます。「諦めない力」を人間は潜在的に持っています。

その力をもっとあなたの人生にも活用してほしいのです。

「無い」ものを「在る」と、信じる勇気が未来を創る

イメージしてみてください。
一人の人間が地方から東京に移住するとします。
そのためにかかる金額はどのくらい必要だと考えますか。
そのとき手元にあるお金は１００万円。
あなたは躊躇なく、そのお金を使って上京しますか？

「仕事があるかどうかも、分からない」
「家を借りるのに、いくら必要なのか」

考えれば考えるほど不安がよぎるでしょう。


もう少し貯めて準備してから、上京しようとする人。

せっかく貯めた100万円を使うことを躊躇し、上京はやめておこうと思う人。

もう少し考えてからと、先延ばしにする人もいるかもしれません。


きっとあなたも100万円の内訳をシュミレーションしたでしょう。

仕事を探すための就活費。食費に交通費に光熱費。

毎日にかかる経費を算出することで、2つの選択をする人間に分かれるのです。

「今充分なお金がないので、上京しない人間」

「今ある精一杯のお金で、上京する人間」

です。

ここにも自分繁盛の法則があるのです。

私は10代のとき、「プロのモデルとしてやっていこう」と決め、上京しました。

そのとき、手元にあったお金は100万円でした。

当時の私は、「100万円もある」と思って上京しました。私の中にあったのは、「やりたい仕事をするために、使えるお金が100万円もある」でした。

「100万円でいったい何ヵ月生活できるのか」ではなく、100万円あれば「東京で生活する準備はできる」というマインド。つまり、お金が「失くなる」ではなく、お金を「生み出す」準備ができたということです。


私は「100万円しかない」ではなく、100万円使って生活の準備をすれば、多くの仕事のチャンスに出逢える。そう据えていたのです。

だから私は「100万円もある」という思いで、そこから「プロとして仕事をスタートする」ということに賭けたのです。

東京での人脈もっても、キャリアも何もないけれど、とにかく自分が東京に身を置くことで、いろんな人に逢って、自分の価値を高めていく。そのために、充分な金額だったのです。

ここには、私が東京で今もなお、活動を続けられている法則が見えます。

それは、私がその先、絶対に成功できるかという観点ではなく、とにかく、東京でしかできない仕事がある、それをやりに行くという、〈want〉に突き動かされていたということです。

「生活できないんじゃないか」

「モデルとして通用しないんじゃないか」

「仕事がないんじゃないか」

ということを、これまでの自分の人生の延長線上で一切判断しませんでした。

それゆえ、躊躇なく、思いのままに行動を起こせたのだと思います。

私が東京での生活をスタートさせたのは、プロのモデルとしてやっていくと決めてから、わずか数週間のことでした。

周りの人からは、

「よく決断したね。勇気があるね」

「凄い思いを持って、東京に出てきたんだね」

「あなたのように、できる人とできない人がいるよね」

と言われたこともあります。

確かに私は決断のスピードは早かったかもしれません。

けれど、凄い決断をしたとは思っていないのです。ただ自分の〔want〕に従って動いただけなのです。

成功できる確率をはじき出したら、ほぼマイナスに等しい、成功する保証はどこにもない状況において、人は自分の未来を信じられるかどうか。それを試されているのだと思います。

皆が思う「きっとそうするだろう」といった想定内の選択をしていたら、私は、地元に残っていたかもしれません。

けれど、私は想定外の選択をしたことで、自分で自分の未来を動かしたのかもしれません。

そのときの私は、東京での自分には「何も無いけど、何か在る」とただ信じたかったのだと思います。何も「無い」現在ではなく、未来に「在る」に意識を向けることで、内側から溢れるモノが自分を突き動かす。そして、それが人に訴えるモノとなって、見えない何かを、引き出していたのだと思います。そして、「一緒に頑張って行こう」と言ってくれる事務所の人たちに自然に応援されるようになり、活動の場を拡げられたのだと思います。

マイナスになるリスクを恐れず行動することで、「何も無いのに、何か在る」と周囲からの信頼も生み出していくという、自分繁盛の人生を、無自覚にも掴み取ったのだと思います。

「現在、目に見えているモノが、すべてだと思うのか」
「まだ見えていないモノを、あると信じていくのか」
それは誰もが選ぶことができるのです。

人生において大切なのは、「何が起きたかではなく、その経験とどう向き合うか」ということです。そこから様々な本質が見え始めてくるのです。

これまでの人生において、私にも上手くいかなかった経験は数えきれないほどあります。

その多くは「在るモノ」に反応してしまったとき。
見えているモノに反応しているときには、人は多くのものを見失ってしまう。
まだ目に見えていないことに意識を向けられたときにこそ、人生は上手く回り始めるのです。

人は、問題が起きているときには、どうしてもその問題に向き合おうとしたり、今、目の前に、ないモノは「無い」、あるモノは「在る」と捉えようとする。

これは目に見える世界にいる人間のサガなのです。

「あるモノ」を見ているときに、見えて「ないモノ」がこんなに存在していたのだということは、ある時間を経て、それが過去になったときに初めて確かなモノとして、見えてくる瞬間があるのです。

現在メンタルトレーナーである私が、この10代の頃の話を、ここでこうしてお伝えするのも、自らの人生が教えてくれた一つの法則が、そこには「在る」からです。

誰もがお金や愛、そして人生に悩んだ経験はあると思います。

けれど、その本質は、目に見えるモノに反応する物理空間の中で、

「いかに目に見えないモノを、感じていくか」

という新たな視点を創ったときに初めて見えてくるものなのです。

「何をしてきたかではなくて、何を感じていけるのか」

それが自分繁盛の根っ子となるものなのです。

自分繁盛の人生を、諦める必要はどこにもない

私がメンタルトレーナーとして活動するきっかけになったのは、ある機関誌の精神科医との対談の現場で、

「あなたの言葉には力がある。それはご自身が実体験として心の世界を理解しているからなのだと思います。うちの心療内科で心理カウンセラーとしてやってみませんか」

と、オファーをいただいたことからでした。

「心療内科に救いを求めてくる人にとって、あなたのような能力こそ必要だと

私は思う」

そう、言ってくださったのです。

その精神科医が言うような能力、心の世界というモノ自体、それまでの私の人生においては「無いモノ」でした。

「あなたに在る」と言うその言葉が持つ強さに、私の心は動きました。

そして、私は迷わずそのオファーを受けたのです。

未来の自分ならきっとやれる。

やってみなくては分からない。

ならば「やってみよう」そう思ったからです。

考えるより前に、すでに無意識のマインドが動き始めていました。

そこに断る理由はありませんでした。

「経験もないのに、不安ではなかったですか」

「なぜ何もないのに、最初からできたんですか」

と聞かれることもあります。


「何も無いけど、『在る』を信じていたから」

それがシンプルな私の答えです。


多くの人は、何か新しいことをしようとするとき、今までの経験において、やれることから選ぼうとします。

「今までやったことがないから、できるはずがない」

「まずは勉強してから」

と、躊躇するのです。


けれど、できることだけで選ぶのではなくて、「やってみたい」とチャレンジすることで、自ら、壁を飛び越えていく。
その乗り越えた瞬間の感動を、自ら求めて生きる。
そこにあるのは、「勇気」だけです。

私はいつも自分にとっての逆境の瞬間、「できなかったらどうしよう」ではなく、「できたらきっとカッコいい」を選択してきた人間なのだと思います。

心療内科でのカウンセリング初日、私は目の前にいるクライアントの「笑顔が見たい」、そう感じていました。
そうして、目に見えない人の心と真剣に向き合う時間の中で、言葉にならない素晴らしい変化が起こり始めたのです。それは、「無いモノ」から「在る」を感じられた瞬間でした。

初めてのカウンセリングにおいて、何が成功で何が失敗なのかも分からない。

何も分かっていない自分が、何も見ようとしていない、心を閉ざしたクライアントを前に、丸腰で向き合いました。

それは正解など存在していない世界でした。
自分が何を言うかよりも、何を感じているのか。
そこにフォーカスしていきました。

一人一人違う心と向き合うとき、一分一秒を揺れ動くその心をひたすら感じていく。心の視点を変幻自在に変えていくことで、「無いモノ」は「在るモノ」にできるのだということを体感しました。

過去に何が起きたのかではなく、その心が何を感じてきたのか。
今、何が起きているのかよりも、その心は何を感じているのか。
未来に何が起きるかではなく、その心でこの先何を感じていけるのか。

そのためのマインドを創りたい、そう思ったのです。

人と関わるとき、仕事をするとき、相手のことを「信じたい」と思えるかどうか。
その勇気が自分の未来も、相手の未来も変えていきます。
けれど、それ以前に大切なのは、自分が自分のことを信じられているかということなのです。

24時間、自分のことを信じていられる人なんていません。
感情は揺れ動き、自信という気持ちもまた、生まれては消えるという繰り返しだからです。

それは自分を信じる「勇気」によって、一瞬にして創り上げるものでしかないのです。

ただ、ここぞという瞬間に、湧き起こるその勇気があるかどうか。

「信じたい」

「勇ましく在りたい」

と貫くことにしか、真実はないのです。

相手に対しても、「ただ自分が信じたいと思っている」ということでしかなくて、
相手が「信じるか」「信じないか」というのは、相手次第なのです。
けれど、自分が相手を信じて待つという勇ましさは、相手にとっても必ずや力
となっていくのです。

もし、あなたが今の自分に価値があると思えないのなら、

「未来の自分には価値がある」

そう信じてほしい。


未来において、自分は価値ある人間になるのだと決めたら、過去の思い込み

を外して、今この瞬間から、まっすぐその道を進むだけです。

それがあなたの未来を創る第一歩となるのです。

ただ、その一歩を踏み出さずにいて、

「人生は平等ではない」

そう嘆く人が多いのです。


変化を恐れる自分にフタをして、誰にとっても平等に存在する、未来の可能性を見ないようにする。上手くいかないことがあると、「自分は劣っているのだ」という自己フレームに逃げ込もうとしてしまう。

能力がないわけでもない、働けないわけでもないのに、弱者になりきろうとする。そんなマインドの在り方では、自分繁盛の人生は永遠にやってこない。


自分繁盛の法則はとてもシンプル。

未来の自分を信じる勇気を持つこと。
それが、あなた自身の価値を創り出してくれるのです。

おわりに

「自分もあんな人生を送ってみたい」

と、あなたが夢中になるような素敵な人と出逢ったことはありませんか。

そのときあなたは、こう感じたりはしなかったでしょうか。

「どうやったらあんなふうになれるんだろう」

実にこの、「どうしたらなれるのか」という問いこそが、あなたを自分繁盛の人生から遠ざけてしまうのです。

なぜなら、あなたの自分繁盛の法則は、他の誰かが創り出した繁盛の方法とは違うものだからです。

他人の繁盛の仕方ではなく、あなたが繁盛するための、あなた自身の「マインドの創り方」を学ぶ必要があるのです。

あなたの人生にとって何より大切なのは、他人繁盛ではなく、自分繁盛することです。

自分繁盛している人が輝きを放っているのは、高く引き上がった心の視点から、スポットライトを自らに当て、自分を照らすからです。

逆に、あなたが自分以外の誰かが繁盛している状態をうらやましく見ることは、自らのスポットライトを他人に向けて、自分にはスポットライトが当たっていない状態を生み出してしまいます。

それによって、「自分にはできっこない」という想いを強くしてしまうのです。

それゆえ、他人の繁盛に憧れ、「どうやったら、そうなれるのか」に意識を向け、その方法ばかりを知ろうとすることは、とても危険なことなのです。

大切なのは、「どう在りたいか」を自分に問うこと。

ベクトルを自分に向けることで、スポットライトはあなたに当たりはじめます。

自分が自分のマインドにフォーカスすること。

私がこの本を通してお伝えしてきたのは、お金の扱い方ではなく、あなた自身のマインドの扱い方です。

メンタルルームを訪れる人たちにも、私はこれまで「お金の使い方」といった、お金持ちになるための方法を教えたことはありません。

けれども、皆、自分繁盛していきます。

マインドをトレーニングすることで、望む通りの最高の人生を創っていくことは誰もができるのです。あなたも例外ではありません。

他人に当てていたスポットを自らに当てること。他人の内側で創り上げられた自分繁盛の人生を、あなたのものにしようとすること自体が、自らの価値を下げるのです。

大切なのは、あなたの内側に自分繁盛マインドを創り上げていくことです。

たとえば、世間で注目を集めるようなトップアスリートは、毎日練習を欠かしません。

アスリートである以上、彼らにとっての価値を決めるのは、試合の結果です。

それゆえ、今の自分の価値を上げるために、日々鍛錬を続けるのです。

あなたはどうでしょうか。
自らの価値を上げるために、これまで何を行ってきましたか。
そしてこの先、実現したいことのために、何を行っていきたいですか。

アスリートが日々肉体を鍛えるのと同じように、日々マインドを鍛えることで、
自らの人生の価値を創り上げていくことは、あなたにもできます。
それが、自分繁盛への何よりの近道なのです。

マインドが輝けば、あなたを取り巻く世界も輝き始めます。
その輝きでたくさんの人々を、どうぞ輝かせてください。
一人一人がマインドの在り方を変え、自らの価値を見い出すことができれば、
誰もが「お金を生み出せる人」へと変わっていきます。

この先の人生において、自分繁盛したあなたが、
お金も、仕事も、愛も、思うがままに手にすること。
そんな未来を、信じています。

2014年11月吉日

久瑠あさ美

久瑠あさ美 ASAMI KURU

メンタルトレーナー。

東京・渋谷のメンタルルーム「ff Mental Room」(フォルテッシモメンタルルーム)代表。

日本芸術療法学会会員。日本産業カウンセリング学会会員、日本心理学会認定心理士。

精神科・心療内科の心理カウンセラーとしての勤務後、
トップアスリートのメンタルトレーニングに積極的に取り組み、注目を集める。

各界アーティスト、企業経営者、ビジネスパーソンなど個人向けのメンタルトレーニングを行い、のべ1万8千人を超えるクライアントから絶大な信頼を寄せられている。

企業や自治体への講演活動や人材教育、リーダーシップ研修など活動は多岐にわたる。

児童向け講座、慶應義塾大学での講義など次世代育成にも力を注ぐ。

心を創る〈マインド塾〉や〈メンタルトレーナー養成塾〉を毎月主宰している。

雑誌・テレビ・ラジオなどメディア出演も多数。

著書は『一流の勝負力』『人生が劇的に変わるマインドの法則』『このまま何もしないでいればあなたは1年後も同じだが潜在能力を武器にできれば人生はとんでもなく凄いことになる』『あなたの「限界の壁」をぶち破る! マインドフォーカス』『マインドバイブル　一瞬でコンプレックスを自信に変える77の言葉』『マインドの創り方　「潜在意識」で人生を好転させる』『自分を超える勇気　“魔物”に打ち勝つメンタル術』など多数。

◆ff Mental Room ホームページ　http://ffmental.net/
〔トップページから無料メルマガ登録でメッセージ動画視聴可〕

◆久瑠あさ美のメンタル・ブログ　http://blog.livedoor.jp/kuruasami/

あなたの価値は、
そんなもんじゃない。
久瑠あさ美

ブックデザイン　長谷川有香（ムシカゴグラフィクス）
写真　干川 修
ヘアメイク　越智めぐみ（volonte / ALFALAN）
編集協力　中村 桂
編集　宇野真梨子（リベラル社）
編集人　伊藤光恵（リベラル社）

自分繁盛《じぶんはんじょう》

最高の人生を創るお金とマインドの法則

2014年11月23日　初版

著　者　久瑠あさ美
発行者　隅田直樹
発行所　株式会社 リベラル社
〒460-0008 名古屋市中区栄3-7-9 新鏡栄ビル8F
TEL 052-261-9101　FAX 052-261-9134
発　売　株式会社 星雲社
〒112-0012 東京都文京区大塚3-21-10
TEL 03-3947-1021

ISBN978-4-434-19934-9
http://liberalsya.com